小学2年生の適応と規定要因に関する縦断研究

柴田玲子 著

風間書房

は　じ　め　に

　本書は，満足な測定具を欠いていたために実証研究が少なかった小学校低学年児童（2年生）の適応状態を「小学生版 QOL 尺度」を用いることによってとらえ，さらにその適応の質が幼児期から児童期の主として家庭環境要因によって予測できるかを 6 年間の縦断資料によって検討したものである。

　本研究の特徴は，第一には，適応を単に「環境に順応している」だけではなく，当の子ども自身が「その状態に満足しているか」をも捉えることが重要だと考え，順応と well-being の両方を含む概念として，Quality of Life（以下では QOL と表記）という概念に着目し，Ravens-Sieberer & Bullinger が開発した QOL 尺度を用いた点である。第二には，この尺度によって測定した QOL の個人差はどのような先行要因によって規定されているかを検討するために，3.5歳から小学 2 年生までの子どもとその両親を追跡した縦断研究の資料を用いて分析したことである。本書は，以下の 2 つの研究で構成されている。

　［研究 1：QOL 尺度の検討］では，子どもの QOL 測定具としてドイツで開発された Kid-KINDL[R]（Ravens-Sieberer & Bullinger, 1998-2000）を翻訳し，「小学生版 QOL 尺度」と名付け，この尺度が，わが国の子どもにも使用可能であるかを小学 1 年～ 6 年生によって検討し，信頼性と妥当性が示唆された。さらに，小学校低学年でも十分に使用できるかを個別面接調査によって確かめた。次に，小学 2 年～ 6 年生の調査協力者を全国に拡大し，各学年の標準得点を算出した。また，子どもの QOL を母親が報告する Kid-KINDL[R] の Parent version も検討して使えるようにした。

　［研究 2：QOL を規定する要因の検討］では，3.5歳～小学 2 年生の縦断研究の資料を次の(1)～(4)のステップで検討した。(1)縦断研究の子どもの小学

2年時に，「小学生版QOL尺度」を実施し，このQOL得点によって高中低の3群を特定した。そして，この3群が小学2年時の学校での適応，母子相互交渉場面での子どもの認知能力，母子交渉の質，子どもの人間関係について，明らかに差異があるかを確認した。(2)QOL3群の差異を規定していると予想される要因として母親の要因，父親の要因，子ども自身の先行要因を取り上げ，これらの要因のうち何が子どもの小学2年時のQOLに関わっているかを検討した。その結果，親の要因としては，母親の4歳，6歳時の育児制約感，小学2年時の夫への愛情の要求，父親の4歳時の育児制約感と小学2年時の子への愛情の要求，6歳時の父親の妻への愛情の要求などの要因がQOLの群差を説明した。また，子どもの要因として，6歳時と小学1年時の友だちの選択数はQOLがもっとも高い群ほど多かった。(3)子どもの要因と親の要因をまとめて判別分析をしたところ，子どもと親の両要因を加味した10変数が最も高い識別力を示した。(4)事例を用いて検討したところ，先行要因が複合的に子どものQOLを規定している様子が確かめられた。これらの結果をもとに，討論では小学校低学年での適応の問題，発達の規定要因の問題などについて考察した。

　これまでの先行研究では，子どもの適応を包括的に1つの尺度で測定するものはほとんどみられず，小学生の適応とそれを規定する要因について実証的に検討されることはなかった。子どもの適応を1つの尺度で子ども自身から測定できることの利便性は高く，研究が進むと同時に臨床的な面でも活用できる。また，3.5歳〜小学2年生までの縦断資料を用いて，小学2年時の適応だけでなく，それを規定する要因を検討し，その結果を示せることは今後の発達臨床の視点から重要であろう。特に，縦断研究は多くの時間と労力を費やすものであるが，横断研究ではわからない時期を超えた作用もあることを示せる点から学術的価値も高いと考えられる。現在も学校での不適応の子どもが注目されるなか，子どもの適応に関する親や友だちとの人間関係を含む子ども自身の要因と家庭環境の要因との関係についての知見を示すこと

ができたことは，子どもを理解し，支援していくことに繋がり，その意義は大きいと考える。

　本書は，2007年10月に聖心女子大学大学院文学研究科に提出した博士学位申請論文を基にしたものである。筆者も参加した縦断研究の膨大な資料の一部を使ったものであり，2008年に資料収集が終了し，今日まで資料全体の分析を続けてきている。当該年度に刊行するのは，縦断研究の結果を公開することを共同研究者からの同意が得られたからである。本書はその結果を公開する初の報告書である。

Family variables associated with children's Quality of Life: A longitudinal study from ages 3 to 8

Abstract

This study examined the quality of life (QOL) of second graders in elementary school and the associated familial factors. To evaluate the QOL, we chose the Kid-KINDL[R] Questionnaire for Measuring Quality of Life, a self-report type assessment instrument (Ravens-Sieberer & Bullinger, 1998), because it measures adjustment and well-being, which are both important for children's QOL. Family variables associated with the second-grade participants' QOL score were examined in a longitudinal study that began at age 3 and ran through second grade (age 8).

Study 1: The reliability and validity of the Kid-KINDL[R]

After a careful translation of the Kid-KINDL[R] in to Japanese, a three-step validation was conducted: (1) Reliability and validity of the Kid-KINDL[R] were examined among elementary school children from 1st to 6th grades (n = 417). (2) Validity of the instrument was specifically examined among first- and second-graders (n = 185) through individual interviews. (3) Standard scores for each people were obtained by surveying a large number of school-age participants (n = 4,607). This studies permitted us to use the Kid-KINDL[R] in our longitudinal study.

Study 2: Familial variables associated with the QOL

In a longitudinal study that had started from age 3, children (n = 53, 26 girls and 27 boys) were given the Kid-KINDL[R] at age 8 (the 2nd grade). Study 2 examined how five "family" variables of Child, Mother, Father, Child-Parent and Parent-Parent were, associated with the QOL at age 8.

First, the children were classified into three groups according to QOL score (Higher group; n = 16, Middle group; n = 24, and Low group; n = 13). In a comparison of the three QOL groups as to Child variables at age 8, significant differences among the three groups were found for Adjustment to school life, Cognitive competence and Social relationships, and Quality of child-mother interactions. Second, analyses of associations of family variables (from age 3) to the QOL (at age 8)

vi   Abstract

showed significant variables: Mother's negative feelings about caring for children at age 4 and 6; Mother's affective feelings towards spouse at age 8; Father's negative feelings about caring for children at age 4; Father's affective feelings towards the child and spouse at age 8.

Also significantly associated with QOL was the child's socio-emotional makeup at age 6 and 7. Third, discriminant analysis indicated that a total 10 Child and Parent variables out of 22 most significantly predicated the QOL. Detailed analyses of case also indicated that multiple factors were associated with a child's QOL. Finally, the ability of children in early elementary grades to adapt to school life, and the role of developmental variables in this adjustment were discussed.

目　　次

はじめに………………………………………………………………………………i

Abstract………………………………………………………………………………v

Ⅰ部　問題と目的

1章　小学生の適応とその測定……………………………………………2

　1.1　適応とは何か………………………………………………………………2

　1.2　子どもの適応の測定………………………………………………………5

　1.3　Quality of Life という考え方……………………………………………8

　　1.3.1　QOL の概念……………………………………………………………8

　　1.3.2　子どもの QOL……………………………………………………10

　　1.3.3　子どもの QOL の測定………………………………………………12

　　1.3.4　Bullinger の QOL 尺度……………………………………………13

　　1章のまとめ…………………………………………………………………17

2章　適応の規定要因……………………………………………………18

　2.1　適応に関わる環境要因…………………………………………………18

　　2.1.1　母親の要因……………………………………………………………19

　　2.1.2　ソーシャル・ネットワークとしての人間関係という視点………21

　　2.1.3　父親・夫婦関係の要因………………………………………………23

　2.2　適応に関わる子ども自身の要因………………………………………24

　　2.2.1　子どもの気質…………………………………………………………24

　　2.2.2　子ども自身の発達……………………………………………………25

viii 目 次

　　2.2.3　子どもの人間関係のネットワーク ·····························26
　2.3　適応に関わる要因の複合的相互作用 ·····························27
　2章のまとめ ···29

3章　本研究の目的と概要 ···30
　3.1　研究の目的 ···30
　3.2　研究の概要 ···31

II部　実証研究

[研究1]　小学生における QOL 尺度の検討 ·····························35
4章　「Kid-KINDL^R：小学生版 QOL 尺度」の信頼性と妥当性·····36
　4.1　Kid-KINDL^R の日本語版の作成 ·····························36
　4.2　目的 ···38
　4.3　方法 ···39
　4.4　結果と考察 ···41
　　4.4.1　QOL 総得点と6下位領域の得点の構成 ·····························41
　　4.4.2　信頼性 ···42
　　4.4.3　妥当性 ···44
　4.5　討論 ···46
　　4.5.1　小学生版 QOL 尺度の信頼性と妥当性 ·····························46
　　4.5.2　小学生版 QOL 尺度と原尺度の適応を識別する力 ·····················46
　　4.5.3　小学生版 QOL 尺度の有効性と残された課題 ·····················47
　4.6　小学1，2年生の面接調査による妥当性の検討 ·····················48
　　4.6.1　目的 ···48
　　4.6.2　方法 ···48
　　4.6.3　結果と考察 ···50

目　次　ix

　　　4.6.3.1　小学1，2年生のQOL総得点ならびに6下位領域得点 …………50

　　　4.6.3.2　QOL総得点と自尊感情尺度，子ども用うつ尺度との相関 ………50

　　4.6.4　討論 …………………………………………………………………51

　4章のまとめ ……………………………………………………………………51

5章　「小学生版QOL尺度」の日本における標準値 ……………53

　5.1　目的 …………………………………………………………………………53

　5.2　方法 …………………………………………………………………………53

　5.3　結果と考察 …………………………………………………………………55

　　5.3.1　地域（首都圏，都市部，町村部）別のQOL総得点 …………………55

　　5.3.2　全国小学生のQOL総得点 ………………………………………………56

　　5.3.3　全国小学生の6下位領域得点 …………………………………………57

　　5.3.4　全国小学生QOL総得点の標準化 ……………………………………60

　　5.3.5　全国小学生の6下位領域得点 …………………………………………60

　5.4　討論 …………………………………………………………………………60

　5章のまとめ ……………………………………………………………………63

6章　「親による子どものQOL尺度」の信頼性の検討 ……………64

　6.1　目的 …………………………………………………………………………64

　6.2　方法 …………………………………………………………………………64

　6.3　結果と考察 …………………………………………………………………65

　　6.3.1　「親による子どものQOL尺度」の信頼性 ……………………………65

　　6.3.2　親による子どものQOL総得点と6下位領域得点 ……………………66

　6.4　討論 …………………………………………………………………………68

　6章のまとめ ……………………………………………………………………69

　研究1（4章～6章）のまとめ …………………………………………………70

x 目 次

[研究2] 縦断研究による小学生の適応とその規定要因の検討
　　　　　　　　　　　　　　　　　　　　　　　　　　　　　　72

7章　研究の概要 ……………………………………………73

7.1　調査協力者とその背景 ………………………………73

7.1.1　調査協力者：子ども ………………………………73

7.1.2　調査協力者：子どもの父母 ………………………74

7.2　調査の内容と時期 ………………………………………77

7.2.1　小学2年時の適応についての調査 ………………77

7.2.2　適応を規定する要因の調査時期と内容 …………80

8章　小学2年時の適応 ……………………………………84

8.1　「小学生版 QOL 尺度」による QOL の検討 …………84

8.1.1　目的 …………………………………………………84

8.1.2　方法 …………………………………………………84

8.1.3　結果と考察 …………………………………………85

8.1.4　討論 …………………………………………………87

8.2　「小学生版 QOL 尺度」による分析のための QOL 3群 ……88

8.2.1　目的 …………………………………………………88

8.2.2　QOL 3群の分類の基準 ……………………………88

8.2.3　結果と考察 …………………………………………89

8.3　QOL 3群と小学2年時の学校での適応 ………………91

8.3.1　目的 …………………………………………………91

8.3.2　方法 …………………………………………………92

8.3.3　結果と考察 …………………………………………92

8.3.3.1　項目ごとの検討 ………………………………92

8.3.3.2　QOL 3群と学校適応度得点 …………………95

8.3.4　討論 …………………………………………………96

目　次　xi

8.4　子どもが報告した QOL と母親の報告による子どもの QOL………97

  8.4.1　目的…………………………………………………………………97

  8.4.2　方法…………………………………………………………………97

  8.4.3　結果と考察…………………………………………………………98

  8.4.4　討論………………………………………………………………101

8.5　QOL 3 群の小学 2 年時の認知能力と母子交渉…………………102

  8.5.1　目的………………………………………………………………102

  8.5.2　方法………………………………………………………………102

  8.5.3　分析のねらいと方法……………………………………………106

  8.5.4　結果と考察………………………………………………………110

    8.5.4.1　子どもの課題達成能力………………………………………110

    8.5.4.2　子どもの本読み能力…………………………………………111

    8.5.4.3　子どもの本のあらすじ理解力………………………………112

    8.5.4.4　子どもの本の内示的意味の理解力…………………………113

    8.5.4.5　母子交渉の質…………………………………………………115

  8.5.5　討論………………………………………………………………115

8.6　QOL 3 群における子どもの人間関係………………………………117

  8.6.1　目的………………………………………………………………117

  8.6.2　方法………………………………………………………………118

  8.6.3　結果と考察………………………………………………………118

  8.6.4　討論………………………………………………………………119

  8 章のまとめ……………………………………………………………120

9 章　QOL 3 群における適応を規定する親の要因………………122

9.1　目的……………………………………………………………………122

9.2　方法……………………………………………………………………123

9.3　結果と考察……………………………………………………………125

xii　目　次

　　9.3.1　母親，父親の育児に対する感情 ……………………… 125

　　9.3.2　母親，父親の子どもへの愛情の要求 ………………… 127

　　9.3.3　母親，父親の配偶者への愛情の要求 ………………… 127

　　9.3.4　両親の夫婦関係満足度 ………………………………… 129

　9.4　討論 …………………………………………………………… 130

　　9.4.1　母親の育児制約感 ……………………………………… 130

　　9.4.2　父親の子どもへの愛情の要求 ………………………… 130

　　9.4.3　母親の夫への愛情の要求と子どもへの愛情の要求 … 131

　9章のまとめ ……………………………………………………… 131

10章　適応を規定する子どもの要因 ……………………………… 133

　10.1　目的 ………………………………………………………… 133

　10.2　方法 ………………………………………………………… 134

　10.3　結果と考察 ………………………………………………… 135

　　10.3.1　子どもの認知能力（3歳，5歳，小学1年時）……… 135

　　10.3.2　子どもの人間関係（3歳〜小学1年時）……………… 136

　10.4　討論 ………………………………………………………… 138

　　10.4.1　子どもの認知能力 …………………………………… 138

　　10.4.2　子どもの人間関係 …………………………………… 139

　10章のまとめ …………………………………………………… 139

11章　複合的作用の検討 …………………………………………… 141

　11.1　目的 ………………………………………………………… 141

　11.2　方法 ………………………………………………………… 141

　11.3　結果と考察 ………………………………………………… 142

　11.4　討論 ………………………………………………………… 146

　11章のまとめ …………………………………………………… 146

目　次　xiii

12章　事例研究 ……………………………………………………… 148

12.1　目的 ………………………………………………………… 148

12.2　方法 ………………………………………………………… 149

12.3　結果と考察 ………………………………………………… 149

12.3.1　事例1：QOL-H 群の女児A ……………………… 149

12.3.2　事例2：QOL-H 群の女児B ……………………… 153

12.3.3　事例3：QOL-H 群の女児C ……………………… 157

12.3.4　事例4：QOL-H 群の女児D ……………………… 161

12.3.5　事例5：QOL-L 群の男児E ……………………… 164

12.3.6　事例6：QOL-L 群の男児F ……………………… 168

12.3.7　事例7：QOL-L 群の男児G ……………………… 172

12.3.8　事例8：QOL-L 群の女児H ……………………… 174

12.4　討論 ………………………………………………………… 178

12章のまとめ ……………………………………………………… 178

研究2（7章～12章）のまとめ ………………………………… 180

Ⅲ部　討論

13章　結果の概要 …………………………………………………… 184

研究1：小学生における QOL の測定 ………………………… 184

研究2：縦断研究による小学生の適応とその規定要因の検討 ………… 186

14章　総括的討論 …………………………………………………… 191

14.1　小学校低学年の適応とその測定 ………………………… 191

14.1.1　子どもの自己報告であること ……………………… 191

14.1.2　下位尺度があること ………………………………… 192

14.2　ソーシャル・ネットワーク理論と子どもの適応 ……… 192

xiv 目 次

14.3 適応に関わるさまざまな要因 …………………………… 194

14.4 子どもの適応と認知能力 ………………………………… 195

14.5 子どもの適応と父親 ……………………………………… 197

14.6 子どもの適応と育児制約感 ……………………………… 197

14.7 本調査協力児の特徴 ……………………………………… 198

14.8 今後の課題 ………………………………………………… 199

文献 …………………………………………………………………… 201

あとがき ……………………………………………………………… 221

付録

　付録1　IMS 縦断研究の調査時期の一覧表 ……………………… 224

　付録2　IMS 縦断研究の調査内容の概略 ………………………… 226

　付録3　小学生版 QOL 尺度 ……………………………………… 229

　付録4　親による子どもの QOL 尺度 …………………………… 233

　付録5　PART：絵画愛情の関係テスト幼児版 ………………… 237

　付録6　ARS：愛情の関係尺度の例 ……………………………… 241

I 部　問題と目的

1章　小学生の適応とその測定

　小学校に入学し，元気に学校に行き，楽しい学校生活を送り，望ましい発達をしていると思われる子どもがいる。子どもが元気に楽しく家庭や学校で過ごしていることは，子どもが周りの環境に調和をし，その子どもらしい適応をしている姿だといえよう。このような子どもの適応をどのようにとらえればよいであろうか。

　本章では，はじめに，適応とは何かについて考察し，次に，このような子どもの適応を測定する方法について検討する。

1.1　適応とは何か

　適応（adaptation; adjustment）とは，たとえば『心理学辞典』（1999, 2011）によれば，"生物が環境に合うように自らの身体や行動を変容させること，またはその状態をさす。もっとも，その調節をもたらす仕組みは多様であり，その捉え方によって適応の意味も多義的である"，そこには系統発生的な適応，個体発生的な適応，順応と呼ばれる生活体の可逆的な調整過程があるが，心理学領域で使われることの多い"個体発生的な適応とは，個体が生後の発達の中で遺伝情報と経験をもとに，物理・社会的環境との間において欲求が満たされ，さまざまな心身機能が円滑になされる関係を築いていく過程もしくはその状態をいう（p. 608）"（根ヶ山, 1999）とある。つまり，まぶしさに徐々に眼が慣れるときのように知覚体験の結果として刺激の強度や質への感覚器官の適応や，進化論での構造，機能，行動における有機体の変形など環境にうまく合うように自らの身体や行動を変容させるなど，本来は生物学的概念である「順応」（adaptation）から発展し区別されている。

また，アメリカ心理学会（American Psychological Association）の『APA 心理学大辞典』(2013) では，adjustment と adaptation について以下のように説明している。"adjustment" は，行動の適応や修正が，臨床的介入のゴールになるような個人と環境の間における，つり合いや調和の程度。例えば，よく適応した人は，健康的かつ有益な方法で本人のニーズに満足しており，おかれた状況や要求に対して適切に社会的・心理的応答を示すことができる。一方，"adaptation" は，ピアジェの認知発達理論において，"人の認知構造を環境の要求に合うように調整するプロセスのことを指したりする (p.623)" という。さらに，社会的適応（social adaptation）として，"社会の要求・制約・慣習への適応をさし，他者と協同的に生きることや働くこと，社会的相互作用や関係を満たす能力を含む (p.385)" とされている。『現代版精神医学事典』(2009) でも，"互いに葛藤する要求間のバランスをとったり，障壁となっている環境に働きかけたりして，個体の体験するストレスを最小限にすることを目的とした行動的な過程 (p.732)" をいう。つまり，適応とは，人は環境や状況の中で，その要請にも応じ，同時に自らの要求も生かし，著しい葛藤や不安を経験することなしに生活することである。

このように適応とは，進化論や生物学的観点を基礎とするが，人の適応を考えた時，多義的であり，その人が環境の要請に応じ，同時に自らの要求も生かし，環境と調和がとれていること，またはその過程を指し，多くの辞典，辞書での定義に共通しているのは，「環境との調整」ということである。

次に，実際に心理学の文献の中で，適応が何を指しているか，どのように扱われているのかをみたところ，先の Piaget は，子どもの認知発達において，「知る」という構造は，人が環境に働きかけ，既存の schema（シェマ：枠組み）に適合するように外界の事実を取り入れる assimilation（同化）機能と，同化できない場面において既存のシェマを変化させて環境に適応する accommodation（調節）機能，を通して変化していく（Cole & Cole, 2005）とし，「適応」を環境への同化と調節の機能の視点から扱っている。また，学

校での適応には，子どものソーシャル・スキルと仲間関係が重要である（e.g., Ladd, Kochenderfer, & Coleman, 1997; Parker, Saxon, Asher, & Kovacs, 1999; Eisenberg, 2006）とされる。わが国の心理学のテキストでも，学校の習慣やルールにしたがうこと，友だちを作ること，学習課題を習得することなどが学校へ適応するための課題としてあげられている（e.g., 鵜飼，1994；無藤・久保・遠藤，1995；伊藤，1994）。

　しかし，近年，特に臨床領域では，適応は相対的で多面的な概念であるとしながら，不適応の概念に発展し使われていることが多い。乳幼児期では「虐待」，幼児期児童期では「選択性緘黙」，児童期中期からは「不登校」「いじめ」「反社会的問題」などが顕著な不適応の問題としてとりあげられている（大貫・佐々木，1998；滝川，2017）。また，子どもの適応上の問題として，子どもの不安や怒り，孤独感や劣等感などの心理的な問題，またその原因や結果として身体的な症状，周囲が被害を受ける反社会的行動などが指摘されている（倉光，1990；伊藤，2007）が，この場合に注目されているのは不適応がもたらす結果としての症状である。つまり，心理的社会的問題を抱える不適応な状況に置かれている人々についていろいろ論じられているが，これは人と環境の調整がうまくできていない状態を指している。

　しかし，このような不適応の状態は必ずしも本人の問題とはいえず，環境の側に問題がある場合も考えられる。いわゆる不適応行動とみえるものが実は不適切な環境への適応である可能性もある。したがって，環境と調整が取れている状態かどうかだけで適応をとらえる事は不十分であり，その状態を本人が主観的にどう評価しているかが重要であると考えられる。すなわち，適応していることは環境と調整の取れている状態であることに加えて，そのことで本人が主観的に満足している状態にあることが必要になる。つまり「①環境と調整の取れている状態」と「②本人が満足している状態」いう2つの要素が含まれるべきであると考える。本研究がとらえる子どもの適応には，この2つの要素を含むものとする。

1.2 子どもの適応の測定

　では，この2つの要素を含む「①子どもが家庭や学校などとの環境と調整の取れている状態にあり，②本人が満足している状態」とした「子どもの適応」を測定できるものがあるのかを以下に検討する。

a. 全体的な発達をとらえている尺度

　愛着の発達研究における子どものミネソタ縦断研究（Srouf, Egeland, Carlson, & Collins, 2005）では，児童期の適応（adaptation）の測定について，情動的健康，自尊感情，コンピテンス，友だち関係などをとりあげ，その測定具としては，子どもうつ尺度（CDRS; Children's Depression Rating Scale: Poznanski, Cook, & Carrol, 1979），問題行動チェックリスト（CBCL; Child Behavior Checklist: Achenbach, 1986），自尊感情を Perceived Competence and Acceptance Scale for Young Children（Harter, 1997），知的能力を WIPPSI（Wechsler Preschool and Primary Scale of Intelligence: Wechesler, 1967）や Peabody Individual Achievement（Dunn & Markwardt, 1970）を用い，さらに Peer Competence をビデオ観察，Q-sort，ソシオメトリックス，学校適応を Loneliness and Social Dissatisfaction Questionnaire（LSDQ; Ladd, Kochenderfer, & Coleman, 1997）など多数の尺度を用いて測定している。つまり，これら多くの尺度を用いて，子どもの全体的な発達を適応と考えて測定していると考えられる。

b. 精神的健康としてとらえている尺度

　子どもの不適応をみる研究（e.g., Pettit, Bates, & Dodge, 1997; Patrick & Cummings, 1994; Osborne & Ficham, 1996）では，子どもうつ尺度（Children Depression Inventory: Kovacs, 1985）が古くから使われている。さらに，村田・清水・森・大島（1996）が翻訳しわが国でも多く使われるようになった子ども

6　Ⅰ部　問題と目的

自己記入式うつ尺度 DSRS-C（Depression Self-rating Scale for Children; Birleson, Hudson, Buchanan & Wolff, 1981, 1987）があり，児童期の子どもの抑うつ傾向を測定している（菅原・小泉・菅原，1998；菅原・八木下・詫磨・小泉・瀬地山・菅原・北村，2002；菊地・富田，2016）。他には不安尺度（the Revised Children's Manifest Anxiety Scale, Reynold & Richmond, 1978）などがあり，これらいずれも子どもの適応を精神的健康という視点でとらえている。

c. 問題行動をとらえている尺度

　CBCL（Achenbach & Edelbrock, 1978; Achenbach, 1991a）は，ミネソタ縦断研究でも使われ，他の多くの研究や臨床的な実践の評価においても適応状態をみる尺度として使われている。これは，社会的能力尺度（Social Competence Scale）と問題行動尺度（Problem Scales）の2つの下位尺度からなり，前者は子どもの生活状況（スポーツや趣味，課外活動，友だちが何人いるか，学業の成績や学業上の問題など）について，後者は情緒や行動の問題（身体的・心理的症状や自殺の話をする，わざと物を壊すなどの問題行動）に関する質問項目がある。また，この尺度は，わが国においても，幼児や児童青年を対象とする行動のチェックリストとして，子どもの問題行動や適応能力の査定に用いられている（戸ヶ崎・坂野，1998；井潤・上林・中田・北・藤井・倉本・根岸・手塚・岡田・名取，2001）。CBCL は親が報告する以外にも，担任の教師が報告するもの TRF（Teacher's Report Form, Achenbach, 1991b），11〜18歳の子どもを対象とした子ども自身が報告する YRS（Youth Self Report; Achenbach, 1991c；日本語版；倉本・上林・中田・福井・向井・根岸，1999）がある。

　これらは，子どもの適応の測定としてよく使われているものではある（e.g., Patrick & Cummings, 1994; Osborne & Ficham, 1996; Fincham, Grych, & Osborne, 1994）。しかし，この尺度は子どもを多面的にとらえてはいるが，子どもの行動や症状に重点がおかれており，しかも質問項目が100以上あるため，簡便ではなく，子どもの自己記入式の質問紙ではあるが，適用年齢は11歳か

らである。

d. 適応行動の尺度

　子どもの適応を測定する尺度として適応行動尺度第10版（ABS：Adaptive Behavior Scale，アメリカ精神遅滞協会，2002；日本語版：富安・村上・松田・江見 2004）がある。これは，生活適応領域を反映した知的障害者の適応行動や社会生活適応能力，適応スキルを査定するものである。適応スキルの10領域（コミュニケーション，身辺処理，家庭生活，社会的スキル，コミュニティ資源の利用，自律性，健康と安全，実用的学業，余暇，労働）を前提に，1921年の第１版以来，定義や分類の改定が行われながら，現在も広く使われている尺度であるが，知的障害領域に特定された適応行動を測定している（十島，2006）。

e. 幸福度をとらえている尺度

　近年，OECD（経済協力開発機構）の報告などから子どもの発達を阻害する要因として子どもの貧困という話題が取り上げられるようになってきた。子どもが健全な発達をするために親の経済力や学歴などとの関連が指摘されている（Ducan & Brooks-Gunn, 1997; Clark-Kauffman, Ducan & Morris, 2003）。わが国でも，子どもの貧困率の高さが指摘され，家庭の貧困と子ども自身の生活の質の調査，ひとり親世帯と虐待との関連などの研究がみられる（阿部，2008；山野，2008）。阿部（2008）の中でユニセフが2007年に実施した先進諸国の子どもの比較調査結果が紹介されているが，その報告では，子どもの適応を幸福度「ウェルビーイング（Well-being）」としてとらえ，①物品的充足・②健康と安全・③教育・④家族と友だち・⑤行動とリスク・⑥主観的の６つの指標を使って表している。その後もユニセフは比較調査結果の報告書を発表しているが，いずれも子どもの適応を子どもの幸福度として社会の中での視点からとらえている（UNISEF, 2007）。

8 I部　問題と目的

　以上のように，近年の発達心理学の文献の多くに使われている「子どもの適応」の測定では，子どもの日常生活に即した「①環境と調整の取れている状態」と，「②子どもが満足している状態」の2つの要素を含む包括的な適応を，1つの尺度によって測定するものはみられなかった。

1.3　Quality of Life という考え方

　さて，ここで注目したのが「Quality of Life（以下では QOL と略す）」という概念である。QOL という概念は以下に見るように，身体的，心理的，社会的な生活全般についてうまくやっているのか，そしてそれについての満足のいく状態である（Well-being）ことを指している（石原，2001）。この QOL は身体的，心理的，社会的な生活全般である環境と調整のとれている状態における本人の満足感を問題にしている。したがって，「①環境と調整の取れている状態」と，「②子どもが満足している状態」の2つの要素を含む筆者の考える適応の概念に相当すると考えられる。

1.3.1　QOL の概念

　Quality of Life（QOL）という用語は，産業革命の頃，炭鉱労働者の生活水準を表すものとして出現したといわれているが，20世紀後半には，その概念が医療分野に導入され，がん患者の疼痛ケア治療などにはじまり医学治療の効果を評価する判断基準として発展してきた。その経緯には，1948年に正式に発足した WHO（World Health Organization，世界保健機構）が，その前年にジュネーブで発表した WHO 憲章（WHO Chronicle）のなかで，健康とは「完全に身体的・心理的および社会的に満足のいく状態であることで，単に疾病がなく，病弱でないということではない（a state of complete physical, mental, and social well-being, and not merely the absence of disease or infirmity）」（World Health Organization, Constitution in basic documents. Geneva, 1947）と発

表したことが大きい。このことから，身体的な側面にだけ焦点をあてるのではなく，精神的な健康を概念化する重要性が取り上げられるようになり，健康の心理的な指標として日々の生活の中で患者の機能的能力も考慮に入れた心理・社会的な側面が強調されたのである。そして，QOL を「一個人が生活する文化や価値観のなかで，生きることの目標や期待，基準，関心に関連した自分自身の人生の状況に対する認識」とし，個人の生活の質が注目されてきた。

さらに，現代のように慢性疾患の多い時代となり，慢性疾患を抱えながら生活する人が増えたことや，より健康的に生きることの価値が見いだされ，患者の視点に立った新しいアウトカム指標として，従来の社会環境を重視した QOL とは区別した「健康関連 QOL（health related-QOL）」という概念も定着してくる。つまり，QOL を広義で扱うと，社会環境という観点から収入など生活条件を扱う場合もあるが，それとは区別した WHO など保健医療分野から発展してきた主観的評価を重視するものを健康関連 QOL としたのである（e.g., 田崎・中根, 1998；Fayers & Machin, 2000, 福原・数間監訳, 2005；1998；武藤, 1996）。

本研究で扱う QOL もこの健康関連 QOL であり，その人の身体的，心理的，社会的な生活全般についての状態と満足感（Well-being）を問題にしている。つまり，「①環境と調整のとれている状態」と，「②本人が満足している状態」の 2 つの要素を含むと考える。この健康関連 QOL を測定する成人用の尺度には，国際的に標準化され，日本語版の質問紙もいくつかある。成人用質問紙 WHO-QOL（The WHO-QOL Group, 1995；日本語版：田崎・野地・中根, 1995）は，WHOQOL の定義をもとに，我が国の研究者も予備調査票の開発の段階から参加したもので（田崎・中根, 1998），現在もなお各方面で使われている。また，アウトカム研究の先駆けとなった Medical Outcomes Study が開発した SF-36（MOS Short-Form 36-Item Health Survey: Ware & Sherbourne, 1992；日本語版：福原, 1999；池上・福原・下妻・池田, 2001）や，欧州の 5 ヶ国

（英国，フィンランド，オランダ，ノルウェー，スウェーデン）が中心になって開発した EuroQoL（1996；日本語版：西村・土屋・久繁・池上・池田，1998）がある。それぞれの短縮版もあり，健康に生きることが追及される時代になり，広く活用されている。

1.3.2 子どもの QOL

子どもの QOL 研究に関しては，成人の QOL が注目され始めた20世紀後半には，その概念に関する検討や測定法の試み（e.g., Kaplan, Bush, & Berry, 1978; Eisen, Ware, Donald, & Brook, 1979; Aaronson, Bullinger, Ahmedzai, 1988）もなされはじめる。しかし，成人の QOL の概念とは質的に異なることや文化的背景をより考慮しなければならないことなども指摘され（Deb, 1996; Bullinger, 1991），1980年から少しずつ増加はしているものの，1990年代前半は成人の研究の10％にも達していなかった（Bullinger, 1994; Bullinger & Ravens-Sieberer, 1995）。ところが，Figure 1.1 が示すように1990年から2001年までに刊行された子どもの QOL の研究業績数をみると，1990年の業績数はわずか20件だったのが，1999年以降には100件以上にも増大している。

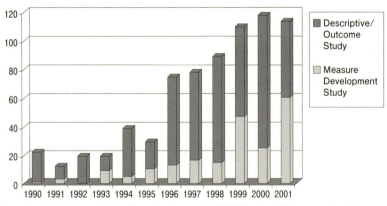

Figure 1.1　Review of Medline citations of HRQOL in children and adolescents from 1990 to 2001 (*Handbook of Pediatrics Psychology 3rd*, 2003, p. 697)

また，QOL の測定法の研究は，1990年から1998年までは基礎的研究の20％にも満たないのに，1999年と2001年では業績数の半分ぐらいまで伸びてきている。これは，1995年頃から，測定法を含んだ子どもの健康関連 QOL（Health-Related Quality of Life）研究が，小児科分野で盛んに取り上げられてきたことによるのである（Quittner, Davis, & Modi, 2003）。

わが国でも，1990年後半から21世紀にかけて，病気の改善のみならずトータルケアの必要性が盛んに主張されるようになっている（e.g., 西村，1993；猪俣・井山，2001；木崎・藤原・石野・村田・井上・衣笠，2001；関根・西牟田，2002）。また，小児科医とコ・メディカル・スタッフの連携（金生・太田，2001）の効果なども認められ，身体的な側面だけでなく，心理的側面や生活状況などの社会的な側面からの影響を考慮した生活全般における Well-being こそが治療の成果である（石原，2001）との認識が一般的になってきている。

子どもの QOL の概念には，Quittner らは，複数の領域からなり(1)身体的状態(2)日常的機能(3)心理・情動的な機能(4)社会的機能を含んでいなければならないとしている（Quittner, Davis, & Modi, 2003）。また，Koot らは，QOL とは，普遍的な人間の権利に基づく，その子どもの文化と時代の中で生活の複数の領域における主観的客観的 Well-being である（Koot, 2001）といい，Schipper らも，QOL は身体的・認知的機能，心理的 Well-being，社会的な関係の領域を中心にした日常的機能の領域からとらえるべきであり，Well-being にかかわる子どもの主観的評価こそが最も重要であると強調している（Schipper, Clinch, & Olweny, 1996）。主観的評価とは，子ども自身が満足している状態であることを評価することである。このように，子どもの QOL には，子どもの日常生活の場面における環境と調整が取れていることだけでなく，そのことで子ども自身の Well-being（満足している状態）が重要であるとされている。すなわち，子どもの QOL とは，「子どもの日常生活の場である家庭や学校という環境と調整のとれている状態であり，そのなかで本人が満足している状態」であり，適応の２つの要素「①環境との調整が取れてい

12　I部　問題と目的

る状態」と「②本人が満足している状態」をとらえている。したがって，本研究では，子どもの「適応」を子どもの「QOL」という形でとらえることにする。

1.3.3　子どものQOLの測定

　子どものQOLの測定法に関しては，WHOはが成人用質問紙WHO-QOL（1995）は開発しているが，子ども用QOL尺度は開発途中で，国際間の統一が難しく未だに完成していない。国際的に標準化されているEuroQoL（1996）の子ども用はなく，成人用QOL質問紙のSF-36（1992）は16歳以上が対象になっている。他に，親と子どもの自己回答形式によるQOLの質問紙として，CHQ（Child Health Questionnaire, Landgraf, Abetz, & Ware, 1999）やPedsQL（Pediatric Quality of Life Inventory, Varni, Sed, & Kurtin, 2001）が開発されているが，いずれも本研究開始時には日本語訳のものはなかった。また，多くの質問紙は，小児がん患児（e.g., Eiser, Havermans, Craft, & Kernahan, 1995），喘息児（e.g., Juniper, Guyyatt, Ferrie, & Griffith, 1993; Juniper, Guyyatt, Feeny, Ferrier, Grififth, & Townsend, 1996; French, Christie, & Sowden, 1994; French, 2001），慢性疾患児（e.g., Eiser & Morse, 2001），糖尿病児（e.g., Quinter, 1998）を対象とした疾患特有のQOL尺度である。これらはいずれも一つの疾患の影響や症状改善を測定するための指標であり，そのほとんどは医療関係者からみた病気に関する評価である。

　このような状況の中で，筆者が注目したQOL尺度は，WHOのQOL尺度にも携わったBullingerによって開発された子ども用QOL尺度である。これは，本研究で定義した「適応」の「①環境と調整のとれている状態」と，「②本人も満足している状態」という2つの要素を含み，子どもの生活全体からQOLをとらえている上に，自己報告であるので子どもの主観的評価をみることができるものである。

1.3.4 Bullinger の QOL 尺度

Bullinger は，WHO の成人用質問紙 WHOQOL の開発に加わると同時に，ドイツ（ミュンヘン大学医療心理学研究所，後にハンブルグ大学医療心理学部門）で，子どもの QOL 研究ならびに子ども用 QOL 質問紙の開発をしていた。健康の持つ精神的・社会的な面が認識されてきている社会背景（Greer, 1987; Bullinger & Pöppel, 1988）から，精神的・社会的な側面から健康を測定する必要性を見出していたのである。それまでは，他者，たとえば親や医療関係者による判定形式のもので，自己報告の形式のものはほとんど存在しなかったので，Bullinger は子どもの自己報告であることが何よりも必要だと強調している。そのために，項目は簡易で実際の行動や生活に即していていることが重要であり，子どもの心身の健康状態と社会的な適応の内容を取り上げなければならない（Bullinger, 1990）という。そこで，簡便に，自己報告できることに重点をおいて，子どもの QOL を 4 つの要素からなる KINDL（der Münchner Lebensqualitäts fragebogens für Kinder）を開発している。

KINDL（Bullinger, 1994）は，Table 1.1 のように，Physical Component（苦痛がないことなど），Psychological Component（積極的な気分など），Social Component（家族や友人との活動における社会適応など），Functional Component（学校や家庭での日常の課題を行うにあたり役割を遂行するなど）の 4 つの要素で構成され，身体的要素 9 項目，精神的要素11項目，社会的要素 9 項目，機能的要素11項目の計40項目の質問紙であった。しかしその後，この KINDL の40項目を，Bullinger は Ravens-Sieberer とともに，Figure 1.2 のように，6 領域24項目に整理し，より簡便に使いやすい改訂版 Kid-KINDL[R]（Questionnaire for Measuring Health-Related Quality of Life in Children, Revised Version for 8 to 12-year-olds）を発表した（Ravens-Sieberer & Bullinger, 1998, 2000）。

改訂版「Kid-KINDL[R]」（Bullinger & Ravens-Sieberer, 1998-2000）は，KINDL と同様に子どもの自己報告形式の質問紙であり，8 歳から12歳の児童を対象

14　I 部　問題と目的

Table 1.1　Kid-KINDL[R] の基になる KINDL の40項目 （Bullinger, 1994, p. 67）

		項目内容			項目内容
身体的要素	1	胃が気持ち悪かったり，具合が悪かった	社会的要素	1	午後は友だちと遊んだ
	2	体の具合がとてもよかった		2	みんなが自分に苦情を言った
	3	時々頭痛や腹痛があった		3	両親に自分のことをよく分かってもらった
	4	体力と持久力が大いにあった		4	ほめられた
	5	よく眠れた		5	両親を好きだと思った
	6	色々なところが痛かった		6	たくさん笑って楽しく過ごした
	7	たくさんはしゃぎまわった		7	家で家族と一緒にいるのが心地よった
	8	自分が病気だと思った		8	好んで友だちと一緒にいてよい結果だった
	9	自分が元気で快活だと思った		9	友だちと一緒にいてよかった
機能的要素	1	不機嫌で気難しかった	精神的要素	1	宿題を楽にやり終えた
	2	よい考えでいっぱいだった		2	集中するのが難しかった
	3	不安だったり，自信がないと感じた		3	やり始めたことは全部やり終えた
	4	楽しくよい気分だった		4	先生たちとうまくいかなかった
	5	ストレスを感じた		5	授業が楽しかった
	6	何事にもやる気がなかった		6	宿題でたくさん間違えた
	7	何事も面倒だった		7	自分自身に満足していた
	8	疲れて無気力だった		8	忘れっぽく，気が散っていた
	9	家でけんかした		9	いらいらして落ち着かなかった
	10	色々なことがうまくいかず腹が立った		10	自分がしたことを誇りに思った
	11	孤独で忘れられていると感じた		11	あらゆることが気に障った

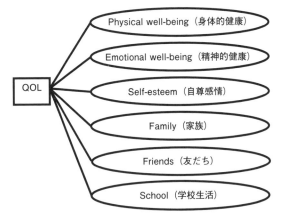

Figure 1.2　the Kid-KINDL^R (Questionnaire for Measuring Health-Related Quality of Life in Children) の尺度構成

に，子どもの QOL を 6 領域（1.Physical well-being：身体的健康，2.Emotional well-being：精神的健康，3.Self-esteem：自尊感情，4.Family：家族，5.Friends：友だち，6.School：学校生活）にわけてとらえ，各 4 項目ずつの計24項目で構成され，5段階評価させるものである（Figure 1.2）。ドイツで信頼性と妥当性の検討がなされている。信頼性は，Cronbach の alpha 係数によって示され（total score $a=.84$, sub-scale $a=.63\sim.75$），妥当性は，他の健康尺度や生活満足度との関連性と，健康群と慢性疾患群の弁別力によって検討されている。Child Health Questionnaire ［CHQ］（Landgraf et al., 1999）の下位領域である General Well-being との相関（$r=.72$），SF-36（Bullinger & Kirchberger, 1998）の下位領域である Vitality, Emotional Well-being との相関（$rs=.63$），Life satisfaction Questionnaire ［FLZ］（Herschbach & Henrich, 2000）の下位領域である Life satisfaction との間の相関係数が高く（$r=.69$），収束的妥当性が得られている。また，健康群と慢性疾患である喘息群，アトピー性疾患群，肥満群の 4 群の QOL 得点の差を検討し，健康群と他の 3 群との間に有意な差が見られ（$p<.01$），弁別的妥当性も示唆され，さらに慢性疾患児を対象にし

16　I部　問題と目的

たりハビリクリニックでの6週間にわたるプログラムの前後における Sensitivity も示されている。

　なお，この尺度には，患児にも適用できるように，Disease Module 6項目が別に用意されている。しかし，この6項目も子どもの主観的な評価やできなかったことなどを尋ねているので，疾患がある場合は身体のどこに問題があるかやどこがよくなったかなどはわかりにくい。また，Kid-KINDL^R の他に，4歳から7歳までの保育園や幼稚園に通う子どもを対象にしたインタビュー形式の Kiddy-KINDL^R と13歳から16歳までを対象にした Kiddo-KINDL^R，さらに保護者用に Kiddy-KINDL^R の Parents' Version，Kid-KINDL^R と Kiddo-KINDL の Parents' Version を開発している。これらの質問紙は，子どもの QOL の測定具として，独語と英語の他，フランス語，イタリア語，スペイン語，ギリシャ語，オランダ語，トルコ語，ノルウェー語，スウェーデン語，ロシア語などに翻訳されている。また，この質問紙を使って，肥満，喘息，アトピー性皮膚，小児がん，糖尿病の疾患に対する研究，地域の疫学調査の研究など（e.g., Ravens-Sieberer, Redegeld, & Bullinger, 2001; Ravens-Sieberer, Thomas, Kluth, Teschke, Bullinger, & Lilientahl, 2001; Bressmann, Sader, Ravens-Sieberer, Zeilhofer, & Horch, 1999; Ravens-Sieberer, Holling, Bettge, & Wietzker, 2002）がなされている。

　上記のように，Bullinger & Ravens の Kid-KINDL^R は，小学校に通う子どもの環境である家庭と学校に焦点をあてて，子どもの満足している状態（well-being）をとらえようとする自己報告による QOL 尺度である。したがって，本研究が小学生において問題にする適応（①環境と調整がとれている状態で，②本人も満足している状態という2つの要素を含めた概念）を測定するのに適した尺度であると考える。

　以上がこの尺度を本研究で用いた理由である。研究1では，わが国でこの尺度が使えるかを詳しく検討する。

1章のまとめ

　本研究では，適応について考察した結果，適応とは「①環境との調整が取れている状態」と「②本人が満足している状態」であることの2つの要素を含む概念とした。この適応の測定具を検討した結果，1つの質問紙で測定できる包括的な尺度はみあたらなかった。家庭や学校という環境に焦点をあて，生活全般についての well-being を測定している子ども QOL 尺度は，適応の2つの要素を含んでいることが注目された。

　そこで，本研究では，子どもの適応を「QOL」という形でとらえ，自己報告形式の Kid-KINDL[R]（Bullinger ＆ Ravens-Sieberer, 1998-2000）の QOL 尺度によって，子どもの適応を測定することにする。

2章　適応の規定要因

　前章では子どもの適応の概念を定義し，さらに，適応の測定具として
Bullinger & Ravens-Sieberer（1998, 2000）の子ども QOL 尺度が適しているこ
とを述べた。では，次に子どもの適応に影響を及ぼす要因にはどのようなも
のがあるだろうか。本論文の主要なテーマである子どもの適応とその規定要
因を明らかにするために，子どもの適応に関わる要因について先行研究が明
らかにしてきたことは何かを，(1)子どもを取り巻く環境要因，(2)子ども自身
のもつ要因，(3)それら複数の要因の相互作用，の3つの観点から検討する。

2.1　適応に関わる環境要因

　子どもの適応的な発達をうながしている要因としては，まず，本人を取り
巻く環境要因が考えられる。Bronfenbrenner（1979a, 1979b, 1988, 2005）は「生
態学的環境システム」を提唱し，家庭や学校のような子どもが直接参加して
いる環境をマイクロシステム，その外側に「発達しつつある人間が積極的に
参加している二つ以上のマイクロシステムの相互関係」であるメゾシステム
があり，これは，家庭と学校と近所の遊び仲間などのそれぞれの関係をさす。
さらにその外側には，エクソシステムと呼ばれる子どもの発達への影響の仕
方は間接的ではあるが，発達に影響の大きい近隣環境や両親の職場環境など
を指している。さらに，一番外側には文化，風土，社会の制度などマクロな
システムがあるとし，このようなシステムを「入れ子構造」やその人を中心
にした同心円の構造と想定している。このような子どもを取り巻く環境を考
えると，子どもの発達における適応に関わる要因は多数が考えられるが，そ
のすべてを一度に扱うのは難しい。

2章 適応の規定要因　19

　本研究では，マイクロシステムのうち主として家庭に注目し，母親の要因，夫婦関係の要因，研究の少ない父親の要因も加味して検討する。発達心理学の先行研究では，乳児・幼児期，児童期初期の子どもの適応の規定要因としてこれらの家庭の要因をどのようにみているのだろうか。

2.1.1　母親の要因

a. 母親の態度・養育行動

　Bowlby は，WHO が委託した調査研究によっていかに母性的養育が重要であるかを見出した（Bowlby, 1951）。そして，進化の過程で，ヒトの乳児が「自分の生存を確保するために養育者の庇護を求める」というプログラムが遺伝子に組み込まれるようになったと考え，"乳児"が生存するために"養育者（多くは母親）"に，援助を求めることを愛着（attachment）と名付け，愛着理論が生まれた（Bowlby, 1969/1982, 1973, 1980）。この愛着は子どもに安全と安心感をもたらす安全地帯の機能として働くと述べている（Bowlby, 1988）。乳児の安全や安心感が脅かされた時に，保護や安心を与えてくれるのが愛着対象に求められる役割と言える。この愛着理論は，後にAinsworth らが Strange Situation Procedure という観察による測定法を考案したことにより（Ainsworth, Blehar, Waters & Wall, 1978），数多くの実証研究が生み出されてきた（e.g. Carlson, 1998; Cassidy & Shaver, 2005; Grossman, Grossman & Zimmerman, 1999; Grossman, Grossman & Waters, 2005; Main, Kaplan, & Cassidy, 1985; Sroufe・Egeland・Carlson & Collins, 2005）。例えば，Main らのバークレイ縦断研究や，Sroufe らのミネソタ縦断研究などでは愛着の質を決める要因として母親の sensitivity（敏感性）をあげている（Main, Kaplan, & Cassidy, 1985; Main, 1999; Sroufe・Egeland・Carlson & Collins, 2005）。

　Sroufe らは，さらに，幼児期児童期の子どもの適応的な発達を規定する母親の要因には，母親が子どもにとってサポーティブな存在であるか（子どものしていることを encourage する，問題解決したときの喜びを分かち合うなど），母

20　I部　問題と目的

親のサポートの質（例えば，問題解決をするのではなく，子どもが解決できるよう
にするための必要最小限のサポート）が重要であることを強調している（Sroufe,
Egeland, Carlson & Collins, 2005）。

　また，母親の役割に注目した Hess & Shipman（1965；1967）は，母親の子
どもに対する言動や母親の養育態度が子どもの認知発達に大きく影響すると
いう。Hess は，東・柏木らの日本のグループと協力して日米の共同研究を
し，母親の態度や行動，母子交渉の過程を観察し，それが子どもの3歳8ヵ
月から小学校入学までの知的発達に及ぼす影響を報告している。その際の母
親の諸要因のなかで，日米に共通して影響があるという結果がみられたのは，
母親のコミュニケーションスタイル，子どもに対する受容的態度や配慮，子
どもの発達への期待感などである（東・柏木，1980；Hatano, Miyake, Tajima,
1980；東・柏木・ヘス，1981）。また，三宅らの研究でも，母親の態度が子ども
の認知発達に影響しているという（三宅，1990，1991；Miyake, Chen, Ujiie, Taji-
ma, Satoh, & Takahashi, 1983; Miyake, Chen, Campos, 1985；三宅，陳，氏家，2004）。

　以上のように，母親の態度や養育行動は，子どもの適応的な発達に影響す
る重要な要因の一つであるといえる。

b. 母親のパーソナリティと精神的健康の要因

　子どもの誕生から小学1年生までの1300組余りの子どもとその母親を対象
にした NICHD（National Institute of Child Health and Human Development）縦
断研究においては，母親へのインタビュー，質問紙，観察などを行い，愛着
の重要性からの初期の母親の養育の問題に着目するだけでなく，母親のパー
ソナリティの要因にも注目している（NICHD Early Child Care Research Net-
work, 1997; 1998; 2000; 2002; 2004; Belsky & Rovine, 1988）。母親のパーソナリテ
ィの測定には，NEO Personality Inventory（Costa & McCrae, 1985）を用いて，
陽気さ，神経質，外向性などの変数をとりあげ，さらに CES-D 尺度（Radl-
off, 1977）を用いて母親のうつ状態に着目している。子どもの適応的な発達

に，母親のうつ状態などの精神的健康が影響するという報告は多くなされている（e.g., Weissman, Gammon, John, Merikanagas, Warner, Prusoff, & Sholomskas, 1987；菅原，1997）。

c. 母親を取り巻く多様な要因

先の NICHD 縦断研究では，母親を取り巻く家庭の要因として，母親の学歴，言葉の問題，収入（貧困さの水準），結婚の形態，就労などを変数としてとり上げ，このようなデモグラフィック要因も子どもの適応的な発達に影響すると示している（NICHD Early Child Care Research Network, 2001; 2003）。また，家族環境（子どもの性別，家族数，両親の年齢，両親の職業，年収，住居の携帯など）や社会的ストレス（地域・職業・家族）が子どもの発達に影響する（永田・松田・鈴木・植村，1984；鈴木・松田・永田・植村，1985；Huston & Bentley, 2010）ことや，母親の育児ストレスの要因が子どもの発達に影響するという研究もある（数井・無藤・園田，1996）。近年，貧困をキーワードに家庭の経済的状態が子どもの発達に影響を及ぼしているという研究も盛んになっている（菅原，2012；喜多，池野，岸，2013）。

2.1.2 ソーシャル・ネットワークとしての人間関係という視点

上述のような母子関係に限定せずに，母子関係を含む広い視点から子どもの発達をみていく必要性があるのではないだろうか。そこで，着目したのがソーシャル・ネットワークの研究である（Lewis & Takahashi, 2005; Lewis & Feiring, 1979; Feiring & Lewis, 1991; Levitt, Guacci-Franco, & Levitt, 1993）。これは，個人を取り巻く人間関係を広い視野を持ってとらえ，人間の適応を支える人間関係は複数の重要な他者からなるという考えに基づくものである（Takahashi, 1974; 1986; 1990; Lewis, 1982, 1984; Kahn & Antonuicci, 1980；井上・高橋，2000；高橋，2012）。このソーシャル・ネットワーク理論は，愛着理論よりも広い視野を持っているために，母子関係の連続性を認める一方で，既存の関

係の変化，発達の弾力性，柔軟性をも認めることになる（Lewis & Takahashi, 2005；高橋，2007；高橋，2010；高橋，2013）。このソーシャル・ネットワーク理論を測定するためには，たとえば，個人の階層的なソーシャル・サポート・ネットワークを3重の円で具体化するコンボイモデル（Kahn, & Antonucci, 1980; Antonucci, 1985; 1986）や，複数の他者からなるネットワークを記述するとともに 個人のネットワークも記述する愛情の関係モデル（高橋，1973；Takahashi, 1986; 1990; 2004）などが提案されてきた。つまり，多くの子どもにとって母親は重要ではあっても，すべての子どもにとって同じようにそうだというわけではないし，重要ではあるとしても必ずしも同じ理由からとは限らない。母親は重要な対象のひとりではあっても，母親の心理的役割は他のネットワークのメンバーの役割と関連していて，それによって決まるとするのである（高橋，2010；高橋，2012；高橋，2013）。

　愛情の関係モデルには，その測定具として ARS（Affective relationships Scale：愛情の関係尺度）と PART（Picture Affective Relationship Test：絵画愛情の関係テスト）が考案されている。ARS は，個人の愛情の関係の枠組みの"表象"を，親しい人にどの程度の強さで，どのような心理的機能に割り振っているかによって測定する質問紙である。そして，質問票の実施が難しい子どもや高齢者のために開発された図版式のものが PART である（高橋，2002）。

　筆者も，子どもの発達をみるときに，母親と子どもの二者関係だけではない子どもを取り巻く人間関係をより広げた環境から検討していかなければけないと考える。そこで，後述のように本論文でも，母親と父親のそれぞれのソーシャル・ネットワークをとらえるために，この ARS を使って子どもの適応に関わる母親の要因や父親の要因を検討していくことにする。

2.1.3　父親・夫婦関係の要因

a. 父親の要因

　子どもの発達に関わる親の要因に対する研究者の関心は，もっぱら母親であった。しかし以前は低かったとはいえ少しずつ母親だけでなく，子どもに教える様子を母親だけでなく父親もビデオテープに取り，父子関係を検討するなどの研究（Brody, Pillegrini, Sigel, 1986）など父親にも仕事や親としての満足感について検討する研究（Kurdek, 1996）もみられるようになった。父親の役割の重要性もあると指摘され父親との関係の重要性も主張されるようになってきた（Lamb & Ahnert, 2006）。

　わが国でも数井ら（1996）が，子どもの発達には母親だけでなく父親との関係もみた家族システム的に検討する必要性を論じ，父親の育児行動が子どもの心の発達に影響すること（菅原, 1998）や父親の家庭での協力に視点をあてた研究（尾形, 2001）もあるが，母子関係に比べれば父親に焦点をあてた研究は依然少ないといえる（柏木・若松, 2004；菊地・富田, 2016）。

　本研究では，ソーシャル・ネットワークの視点から父親も母親と同様に扱うことにする。

b. 夫婦関係の満足感

　両親が適切な養育行動を行うには，夫婦関係の満足感が重要であるという（e.g., Belsky, 1984; Belsky, Rovine & Taylor, 1984; Belsky, Youngblade, Rovine & Volling, 1991）。協力的な夫婦関係やその満足感が子どもの安定した愛着や母子関係や父子関係に関わり（e.g., Goldberg & Easterbooks, 1984; Howrs & Markmann, 1989; Kurdek, 1996; Patrick & Cummings, 1994; Fincham, 1998），夫婦間の葛藤（Conflict）が子どもの適応に直接的，間接的に関係するという（e.g. Patric & Cummings, 1994; Fincham, Grych & Osborne, 1994; Davies & Cummings, 1994）。さらに，離婚は，家族の機能と子どもの適応に関わり，子どもに低い自尊感

24 I部 問題と目的

情をもたらす（e.g., Morgan, Lye & Condran, 1988; Cummings, Davies & Simpson, 1994; Osborne & Fincham, 1996）など，夫婦関係と子どもの適応に関する研究は特にアメリカでは多くみられる。

わが国でも，子どもの適応的な発達に夫婦関係の満足感が関連するという研究（菅原，1998；菅原・小泉・菅原，1998）や，夫婦間の愛情の強さが家族機能の良好さと関連し，家族機能の良好さと子どもの抑うつ傾向が関連するとした研究（菅原・八木下・詫摩・小泉・瀬地山・菅原・北村，2002）もみられる。しかし，このような子どもの精神的健康と夫婦関係に着目した研究は，我が国にはまだ少ない現状にあるという（菊地・富田，2016）。

2.2 適応に関わる子ども自身の要因

子どもの適応的な発達に関わるさまざまな環境要因を概観してきた。本研究のテーマは子どもの適応に関わる規定要因の検討である。そこには，適応に関わる子ども自身がもつ要因も当然考えられる。しかし，これまでの発達研究では，子どもの発達に与える影響の要因はさまざまに考えられてきたが，子どもの発達自体が子どもの発達そのものに与える影響を検討している研究は極めて少ない。

2.2.1 子どもの気質

子どもの適応の規定要因として考えられる子ども自身の要因のひとつとして注目されてきたのが，子どもの気質である。Thomas, Chess & Birch (1963) は，気質についてのニューヨーク縦断研究のなかで，子どもの問題行動の原因を母親の養育態度によるのではなく，子どもの気質にあると考え，特に difficult children（気難しい子ども）に注目した（Thomas, Chess, & Korn, 1989）。Kagan は，生後7−8か月から就学前までの実証研究によって，気質の1つである新奇な刺激に対する行動的抑制傾向（behavioral inhabitation to the unfamiliar）が，愛着の質の形成に関して，母親の養育スタイルよりも影響しているとした（Kagan, 1989; Kagan & Snidman, 1990; Kagan, Snidman, Kahn, & Towsley, 2007）。わが国では，庄司（1999）が，母親と子どもの関係をみる上で子どもの気質の重要性を指摘している。このように気質は，子どもの発達のプロセスの中で適応に関わる重要な要因といえるが，子どもの初期の特徴を不変で永続的なものとした伝統的な生得説とは異なり，子どもの気質が母親の養育行動にも影響し，子どもの気質も親の応答によって変化することが強調されていることを付けくわえておきたい。

　また，近年の脳機能研究の目覚ましい発展の中で，子どもの気質のなかでも特にエフォートフル・コントロールが子どもの社会性の発達や ADHD（注意欠陥多動性障害）に関わるのではないかと検討されるようになった。エフォートフル・コントロールとは，注意を向けたり逸らしたりする程度や注意の焦点化・行為の抑制・感覚的敏感さにおける気質次元などから構成される（Rothbart, Ahadi, Hersey & Fisher, 2001; Rothbart & Bates, 2006）。現在はエフォートフル・コントロールと行動抑制傾向が子どもの自己制御行動に関与する気質として注目されている（水野，2009；陳，2012；草薙，2015）。

2.2.2　子ども自身の発達

　これまでの研究では，子どもの発達は目的変数として検討されることが多く，一部の発達の連続性をみる縦断研究を除いては，いかに子どもの発達自体が子どもの後続の発達に影響を与えるかを検討してはいない。

　例えば，Sroufe らの縦断研究では，幼児用の知能テスト WIPPSI（Wechsler Preschool and Primary Scale of Intelligence; Wechsler, 1967），6 歳から16歳用の WISC-R（Wechsler Intelligence Scales for Children-Revised; Wechsler, 1974）による認知能力，Teaching Task（教示課題：Block & Block, 1980）による課題達成能力を測定している。そして，この課題達成能力と他時点での IQ とには連続性がみられた（Sroufe, Egeland, Carlson, Collins, 2005）という。このように子

26   I部　問題と目的

ども自身の発達状態をみる重要な変数として欠かせないものが認知能力である。また、児童期の子どもの自尊感情（self-esteem）と、仲間関係のコンピテンスを Perceived Competence and Acceptance Scale for Young Children（Harter, 1997）によって測定すると、この2つの関連性は高く、さらに教師が学級で適応しているとした評価とも一致していた。

　そこで、認知能力だけでなく、自尊感情、仲間関係でのコンピテンスも児童期の適応に影響する子ども自身の重要な変数であると考える。

2.2.3　子どもの人間関係のネットワーク

　本論文で扱おうとしている児童期初期の人間関係の発達で注目すべきことは、何といっても友人関係であろう。本研究は、小学2年生の適応とそれに関わる要因を検討するものであり、小学2年時というのは、仲間とのかかわりが多くなるのが特徴だといえる。学校に入ると、1日の生活時間の多くを友だちと過ごすようになり、友だちの影響力が次第に強くなる。子どもにとって友だちの存在が大きくなれば、これまでの母親や父親との関係にも影響を与えることも推測される。つまり、学校に入って、友だち関係が発展すると、これまでの人間関係（母ー子、父ー子、きょうだい関係など）が変化する。ソーシャル・ネットワーク理論では、母子関係以外の他の重要な他者との相互作用も後の適応に重要であるとし、母親、父親、友だちとの関係を子どものネットワーク全体として捉える。複数の重要な他者を同時に問題にできるコンボイ・モデルを使って、Levitt らは、子どもが誰に親しみを感じ重要だと思っているかを検討したところ、多様なコンボイ・メンバーとの経験が社会的コンピテンスを高めることや、児童期中期にはネットワーク・メンバーの人数が増えることがわかった（Levitt, Guacci-Franco, & Levitt, 1993）。

　わが国でも、井上・高橋（2000）が小学生に PART（絵画愛情の関係テスト）を用いて、母親、父親、きょうだい、友だち、先生などとの関係をみたところ、誰であれ重要な他者がいれば子どもの心理的適応は高いとされ、また小

学生のネットワークにおける重要な他者は年齢とともに変容することが指摘されている（Shibata & Takahashi, 2002：柴田，高橋，飯倉，2002）。この他にも，子どもは幼い時から心理的機能によって対象を選択している，例えば，助けが必要な時は母親，または父親，外で遊ぶ時は友だち，教えてほしいときは先生などその生活場面によって選択する対象を変えることも実証研究で示されている（Edwards & Lewis, 1979; Takahashi, 1982, 1984-1985, 1986）。つまり，今までの研究は母親との関係や友だちとの関係だけに着目するなど子どもとの関係をばらばらにみていたが，子どもひとりひとりがどういうソーシャル・ネットワークを複数の重要な他者との間で築いているかということが重要であり，そこをみる必要がある。なぜなら，ある人との関係とは，他の人との関係によって決まってくるからである。そして，子どもにも個人差があるので，子どもが誰と関係を築くかということが問題なのではなく，誰であれ重要な他者がいること，さまざまな役割をもつ複数の他者がいることが子どもの適応に影響すると考えられる。

　コンボイ，PART や ARS の測定具を用いることによって，母と子，父と子，きょうだい関係，友だち関係，先生との関係という子どもの人間関係を同時に 1 つのネットワークの中でとらえることができる。本研究でも，PART を使って，子どもの人間関係を 1 つのネットワークのなかでとらえ，子どもの人間関係を母親，父親，きょうだい，友だち，先生などの複数の他者を同時にみていく。子どもの適応に影響する人間関係とその変容も検討していきたいと考える。

2.3　適応に関わる要因の複合的相互作用

　以上みてきたように，子どもの適応的発達に関わる親のもつさまざまな要因の検討が先行研究でなされていた。そして，子どもの要因としても，子ども自身の発達状態を示す変数が検討されている。これらの変数のうち何が，

28　I部　問題と目的

適応の規定要因であるか，それぞれの要因を個別に検討するだけではなく，これらの親の要因と子ども自身の要因が相互に作用して，それが子どもの発達に影響したことも考えなければならない。

　たとえば，Sameroff（1978; Sameroff & Chandler, 1975）は，妊娠中および周産期に危険因子が存在した子どもについての縦断研究で，初期の危険因子の影響は，発達に対して支援的・補償的・修正的に作用するような環境によって除去されることもあり，初期の危険因子の存在と後の問題との間には直接的な因果関係はみられなかったという。そこで，彼は，発達過程において何が生ずるかを知るには，親からの働きかけだけではなく，子どもの親に及ぼす影響についても十分に考慮し，こうした両方の影響が時間の経過の中でお互いに作用しあっていく姿を明らかにしていかなくてはならないとして，相互作用モデル「transactional models」（Sameroff, 1994, 2000; Sameroff & Mackenzie, 2003）を提案した。このモデルは，発達を時間の経過の中で見ているので，1つの経験が別の時点に作用していることや子どもの変化の柔軟性（plasticity）を理解しやすいといわれている（Cole & Cole, 2005）。つまり，子どもの発達を規定する環境の要因と子ども自身のもつ要因とが相互に影響しあう経過をみる発達モデルであるが，子どもの適応においても子ども自身のもつ要因と親の要因の両方が相互に作用していることが考えられる。それは，ある時期の相互作用もあるし，時期を超えた相互作用もあると考えられる。

　さらにまた，一つ一つの要因で発達や適応を予測するのではなく，複数の要因がまとまって発達や適応が予測されるということも重要である。Sroufeらは，多変量な変数を扱っている縦断研究において，たとえば，初期の子どもの愛着の質と多時点の多くの変数（子どもの要因：仲間関係，認知能力，ソーシャル・スキル，親の要因：母親の養育行動，母親の適切なサポート，家庭の質）が，後の子どもの問題行動にどのように影響するかを検討している。その結果，青年期の問題行動に影響しているのは，初期の愛着の質だけでなく，他の時期のいくつかの要因が複合的に影響していることが示されたのである（Calson, Sroufe, & Egland, 2004)。つまり，適応的な発達には，一つの要因で決まるのではなく，いくつかの要因が複合的に効いているといえる。これは，子どもの適応の規定要因を考える時も，多変量なものを縦断的にみていく必要性を示唆していると考えられる。

2章のまとめ

先行研究を検討したところ，子どもの適応的発達に関わる要因は多様であることがわかる。まずそれを整理すると，母親の要因（母親の sensitivity，コミュニケーションスタイル，子どもに対する受容的な態度や養育行動，母親のパーソナリティや精神的健康，母親の背景としての経済状態・学歴などのデモグラフィックな要因），また，父親の要因（親としての満足感，子どもとの関係，育児行動），そして，夫婦関係の要因（夫婦関係の葛藤，夫婦関係の満足感）であった。また，子どもの要因として，気質，愛着，認知能力，人間関係，自尊感情，peer competence などが重要な変数としてあげられた。

これらの親の要因と子ども自身のもつ要因の両方が相互に作用していることが考えられ，それはある時期の相互作用もあるし，時期を超えた相互作用も考えられること，また，適応はひとつの要因で決まるのではなく，いくつかの要因が複合的に効いてくることも考えなければならないことに気づかされる。

3章　本研究の目的と概要

　本研究の目的は，子どもの適応を測定し，その適応の規定要因について検討することである。1章では，子どもの望ましい適応を QOL で捉えることを検討した。次に，2章では，子どもの適応を規定すると考えられる要因について先行研究を検討した。

　3章では，本研究の目的と特徴を明らかにし，研究の概要を述べることにする。

3.1　研究の目的

　これまでの先行研究では，子どもの適応を包括的に1つの尺度で測定するものはみられなかった。そのため，小学生の適応とそれを規定する要因について実証的に検討されることはほとんどないといえる。本研究は，3歳〜小学2年生までの縦断研究によって，小学2年時の適応とそれを規定する要因を検討するものである。

　初めに［研究1］で，小学2年時の適応をとらえるための QOL 尺度を検討した結果を詳しく述べ，その QOL 尺度で縦断研究の調査協力者である小学2年生の適応状態を測定するのに活用する。次に［研究2］で，小学2年時の子どもの適応を規定していると予想される要因を検討することが，本研究の目的である。

［研究1］の目的：小学生における QOL 尺度の検討

　1章で，「適応」を①環境と調整が取れている状態で②本人も満足している状態と定義した。この適応を測定するために注目したのが，子どもの日常

生活場面に即した内容で子どもの自己報告による Kid-KINDL^R QOL 尺度 (Ravens & Bullinger, 1998) である。そこで，まずこの尺度を「小学生版 QOL 尺度」と名付け，わが国でも使えるかどうかを検討し，尺度の有効性を明らかにすることが研究1の目的である。この尺度が使えることになれば，子どもの適応を明確にとらえることができ，本研究の目的変数とすることができる。

［研究2］の目的：縦断研究による小学生の適応とその規定要因の検討

　はじめに，小学生版 QOL 尺度によって縦断研究の調査協力者である小学2年時の適応状態を明らかにする。次に，QOL を規定していると予想される要因として，第一に，家庭の要因として母親の要因，父親の要因，夫婦関係の要因を取り上げ，第二に，子どもの要因として認知能力や人間関係の要因を取り上げる。これらの親の要因と子ども自身の要因のうちの何が子どもの適応に関わっているのかを検討すること，そして，適応の規定要因として親の要因と子ども自身の要因をそれぞれ検討するだけでなく，これらの親の要因と子ども要因が相互に作用していることや時期を超えた作用があること，そして，ひとつの要因ではなくいくつかの要因が補いあうことや複合的に効いていることを量的分析によって示す。最後に，事例研究によって統計的に有意味であった要因が一人の子どもにどのように反映されているかを明らかにすることが研究2の目的である。

3.2　研究の概要

　［研究1］と［研究2］の概要を以下にまとめる。

　［研究1］：小学生における QOL 尺度の検討では，小学生の適応をとらえるために，QOL 尺度の有効性を検討する。すなわち，小学生の適応を Ravens-Sieberer と Bullinger が開発した Kid-KINDL^R (Questionnaire for Measuring Health-Related Quality of Life in Children, Revised Version for 8 to 12-year-olds, 1998-2000) によって捉えることにする。この尺度は，小学生の適応を自己報告形式で，(1)身体的健康，(2)精神的健康，(3)自尊感情，(4)友だち，(5)家族，(6)学校生活の6領域について包括的にとらえるものである。はじめに，Kid-KINDL^R を，日本語に翻訳し「小学生版 QOL 尺度」と名付け，尺度の信頼性と妥当性を検討する。さらに，地域や調査時期などを考慮して，全国の標準値を求める。このことによって，縦断研究の調査協力者である小学2年生の QOL を測定することを可能にする。また Kid-KINDL^R の Parent Version も「親による子どもの QOL 尺度」として使えるようにする。

　［研究2］：縦断研究による小学生の適応とその規定要因の検討では，縦断研究（IMS 縦断研究[注1]）を用いて，小学生に適応をもたらす要因を検討する。はじめに，小学2年生の適応を QOL 尺度の得点によって高・中・低の3群に分け（以下では，QOL-High 群・QOL-Middle 群・QOL-Low 群と呼ぶ），この3群が小学2年時の学校や家庭などの日常生活における適応の質の差異を明らかに示しているかを検討する。次に，3歳から小学1年時までの縦断調査の資料の中から，母親と父親や夫婦関係の要因（育児感情，子どもへの愛情の要求，配偶者への愛情の要求，夫婦関係満足感），および，子ども自身の持つ要因（認知能力，人間関係）を取り出して，これらの変数がこの QOL 3群を識別で

注1：この IMS 縦断研究は，1999年3月，2000年3月，2001年3月に，都内の私立ミュージックスクールに通っている児童のうち縦断研究の募集に対して参加協力の同意の得られた3歳児85名（女児41名，男児44名）が，小学2年生になるまでの6年間にわたる追跡調査であり，筆者も参加した研究である。子どもの誕生日が3年にわたっており，子どもの該当当年齢時に実施されてきたもので，2007年1月で96名全員の調査が完了した（女児45名，男児49名）。子どもとその両親を調査協力者として，毎年の母子の個別対面調査6回に加え，面接調査後両親への質問紙を手渡し，郵送で返却してもらい，さらに小学1年時と2年時では面接調査前にも郵送による質問紙調査を行い，面接調査の前後2回の両親への質問紙調査を実施した。面接時には，実験的な母子交渉の観察など多様な方法で資料が集められている。これをⅠミュージック・スクール（以下では IMS）縦断研究と呼ぶことにし，本研究では1999年3月から2006年3月までの調査の資料の一部を分析する。この資料の分析は，様々な側面からその後も続き，2008年に8歳までの調査は完了している。2017年にはさらなる追跡調査についても予定している。
　なお，研究の協力者と調査の時期を付録1に，年齢ごとの調査内容を付録2に添付する。

きるかを検討する。そして，この分析に基づいて，有意味とされた親の要因と子どもの要因が複合的に作用して2年時の子どもの適応の質を規定しているか否かを検討する。最後に，代表的な事例を取り上げて，事例による検討を行う。

　具体的には，Table 3.1 のような以下の手順で進める。

［研究1］小学生における QOL 尺度の検討：

　4章では「小学生版 QOL 尺度」の信頼性と妥当性の検討をし，5章では全国的な標準値の検討をする。6章で KINDL の Parent Version も「親による子どもの QOL 尺度」の信頼性を検討する。

［研究2］縦断研究による小学生の適応とその規定要因の検討：

　7章では，IMS 縦断研究の調査協力児の小学2年生に「小学生版 QOL 尺度」を実施し，全国の標準値を参考に，その QOL 得点によって QOL 3群を特定する。8章では，小学2年時の適応状態の QOL 3群の差異を検討する。子どもの①学校での適応②人間関係③認知能力④母子交渉の質を検討する。9章では，3歳から小学1年時までの両親の要因（①母親の育児に対する肯定的感情／制約的感情，母親の子どもへの愛情の要求，夫への愛情の要求，②父親の育児に対する肯定的感情／制約的感情，父親の子どもへの愛情の要求，妻への愛情の要求，③両親の夫婦関係満足感）と適応の関連を検討する。10章では，3歳から小学1年時までの認知能力と人間関係の子ども自身がもつ要因が適応と関連しているかを検討する。11章では，これらの3歳〜小学1年時までの親の要因と子どもの要因の複数の変数が相互に作用して，どのように小学2年時の子どもの適応を規定しているかを検討する。12章では，QOL 得点の高い低い4名ずつ（特徴のある事例を2名含む）計8名の事例を取り上げて，一人の子どものなかで，統計的に有意味とされた要因を中心にそれらの様々な要因が子どもの適応にどのように反映されているかを検討する。

34　I 部　問題と目的

Table 3.1　研究の概要

研究#	章	目的	方法
［研究1］ 小学生における QOL 尺度の 検討	4	小学生版 QOL 尺度の信頼性と妥当性の検討	小学1〜6年生における調査
	5	小学生版 QOL 尺度の全国標準値の検討	全国の小学2〜6年生における調査
	6	親による子どもの QOL の検討	1〜6年生の子どもとその母親
［研究2］ 縦断研究による 小学生の適応と その規定要因の 検討	7	小学2年時の QOL の分析	全国標準値を使って，QOL 総得点を高・中・低の3群に分ける
	8	QOL 尺度が小学2年時の適応の質を明らかにしているかを検討	2年時の QOL 3群に差異があるかを子どもの要因と母子交渉によって分析
	9	3歳〜小1年時までの親の要因と適応の関連の検討	QOL 3群が3歳〜1年時の親の要因について差異があるかを分析
	10	3歳〜小1年時までの子どもの要因と適応の関連の検討	QOL 3群が3歳〜1年時の子どもの要因について差異があるかを分析
	11	9，10章で扱った変数をまとめて用いて，適応との関連をみる	親の要因と子どもの要因，それらを合わせた変数による分析
	12	事例において8〜11章で有意味とされた要因が，一人の子どもにどのように反映されているかを検討する。	QOL 得点の高い子どもと低い子どもの事例において，親の要因と子どもの要因の複数の要因を同時にみる。

Ⅱ部　実証研究

［研究1］　小学生における QOL 尺度の検討

　前章で述べてきたように，本研究では子どもの適応を「小学生版 QOL 尺度」によって測定する。そのために，Kid-KINDL[R] を翻訳した「小学生版 QOL 尺度」がわが国でも使用できるかどうかを検討した結果を述べる。「小学生版 QOL 尺度」の信頼性と妥当性が得られたうえで，わが国におけるその標準値を算出し，研究2で役立てる。

4章 「Kid-KINDL^R：小学生版 QOL 尺度」の 信頼性と妥当性

はじめに，Kid-KINDL^R の QOL 尺度を翻訳し，「小学生版 QOL 尺度」の信頼性と妥当性を検討する。小学生低学年は，個別面接調査によって妥当性の検討をする。

4.1 Kid-KINDL^R の日本語版の作成

開発者の承諾を得て原尺度である Kid-KINDL^R (Questionnaire for Measuring Health-Related Quality of Life in Children, Revised Version for 8 to 12-year-olds, Ravens-Sieberer & Bullinger, 1998) を翻訳し，「小学生版 QOL 尺度」と名付けた。原尺度の翻訳は小児科医 1 名，臨床心理士 2 名，心理学者 1 名と筆者の計 5名がそれぞれ独立に訳したうえで，原尺度と照らし合わせながら適切な訳文かを検討した。こうしてできあがった日本語訳原案を在米25年以上の日本人言語学者に英訳してもらい，その英文を原本とつきあわせて検討した。さらにこれを，小学生10名（6年 4名，5年 1名，4年 3名，2年 2名）に回答してもらい，最終的に子どもたちにわかりやすい表現になるように改良し最終版とした。

「小学生版 QOL 尺度」は，原尺度と同じく，①Physical well-being；身体的健康，②Emotional well-being；精神的健康，③Self-esteem；自尊感情，④Family；家族，⑤Friends；友だち，⑥School；学校生活の 6 領域について，各 4 項目ずつ合計24項目で構成されている。Table 4.1 に各項目を示す。

それぞれの項目について，「この 1 週間の自分の状態にあてはまるかどうか」を（ぜんぜんない・ほとんどない・ときどき・たいてい・いつも）の 5 段階評

4章　「Kid-KINDL[R]：小学生版QOL尺度」の信頼性と妥当性　　37

Table 4.1　小学生版 QOL 尺度2004[R] の24項目

【1】あなたの健康について，聞かせてください。
この1週間…
1．私は　病気だと思った。
2．私は　頭がいたかった　または　おなかがいたかった。
3．私は　疲れてぐったりした。
4．私は　元気いっぱいだった。

【2】あなたはどんな気持ちで過ごしましたか。
この1週間…
1．私は　楽しかったし，たくさん笑った。
2．私は　つまらないなあと　思った。
3．私は　ひとりぼっちのような気がした。
4．私は　何もないのに　怖い感じがした。

【3】あなたは自分のことをどのように感じていましたか。
この1週間…
1．私は　自分に　自信があった（自分はよくやった）。
2．私は　いろいろなことができるような気がした。
3．私は　自分に満足していた（自分のことが好きだ）。
4．私は　いいことをたくさん思いついた。

【4】あなたとあなたの家族について聞かせてください。
この1週間…
1．私は　親（お父さんまたはお母さん）となかよくしていた。
2．私は　家で　気持ちよくすごした。
3．私は　家で　けんかをした。
4．私は　親（お父さんまたはお母さん）にやりたいことをさせてもらえなかった。

【5】あなたの友だちとのようすを聞かせてください。
この1週間…
1．私は　友だちといっしょにあそんだ。
2．他の友だちは　私のことを好きだった（きらわれていなかった）。
3．私は　私の友だちとなかよくしていた。
4．私は　他の子どもたちにくらべて　変わっているような気がした。

【6】あなたの学校でのようすを聞かせてください。
この1週間…
1．私は　学校の勉強，かんたんだった（よくわかった）。
2．私は　学校の授業が　たのしかった。
3．私は　これから先のことを　心配した。
4．私は　学校のテストで　わるい点数をとらないか心配だった。

38 Ⅱ部 実証研究

定で答えさせる。6領域の合計得点の平均を QOL 得点（ここでは QOL 総得点と称する）とし，より高い得点の者がよりよい QOL を示すよう配点されている。

なお，「いつも」～「ぜんぜんない」を5～1として得点化すると，24項目5段階評の得点のレンジは1～120となるが，原尺度では， 0～100に換算[注2]している。本尺度でも同様の手順で，全ての得点を0～100に換算して使う。6下位領域ごとの得点を注2のように計算して，下位領域それぞれの得点を出す。6下位領域の合計得点の平均が QOL 総得点である。したがって，QOL 総得点と6下位領域の各点を0～100のレンジで用いることができる。

「小学生版 QOL 尺度」は，開発者の指示のもとに，翻訳過程のプロトコルすべてと，日本における信頼性と妥当性の研究成果を開発元に送り，Kid-KINDL[R] の日本語版として認証されている。現在 KINDL のホームページ（https://www.kindl.org/）Language versions のなか Japanese に掲載されている。

4.2 目的

Kid-KINDL[R] の日本語版「小学生版 QOL 尺度」の信頼性を内的整合性（Cronbach の α 係数）と再テスト法で検討する。次に， 2つの心理的適応尺度（自尊感情尺度と子ども用うつ尺度）との関連性をみることと，心身の健康状態で分けた3群の特徴が反映されるかによって構成概念妥当性を検討する。

注2：

$$\text{Sub-scales transformed to } 100 = \frac{(\text{Sub-scale score}) - (\text{lowest possible score})}{(\text{Possible range of raw score})} \times 100$$

4.3 方法

［調査協力者］

　小学1年生から6年生の417名（女児197名，男児220名）の調査協力者のうち，無回答や回答に不備があったものを除き，382名を分析対象とした（有効回答率91%）。

　また，信頼性を検討するためにこのうちの1，4，6年生の各1クラスずつの男女児計88名には，1～2週間後に2回目の再調査を実施した。この調査の有効回答数は76名（86%）であった。この2回目の調査時には，妥当性検討のために，4年生1クラスと6年生2クラスの男女児計92名に，Rosenbergの自尊感情尺度（Rosenberg, 1965）と子ども用うつ尺度（The children's depression inventory; CDI, Kovacs, 1985）も実施した。この有効回答数は自尊感情尺度90名（98%），子ども用うつ尺度75名（82%）であった。

　なお，分析には，この調査時期に調査協力校に併設されている『健康相談室』に授業時間や放課後に継続的に来室し，個別に対応した男女児17名を相談室群（保健室登校4名，集団不適応5名，情緒不安定5名，その他3名）とし，質問紙で何らかの治療中の病気があると回答した男女児96名を疾患群（喘息35名，アトピー21名，鼻炎13名，その他27名），病気はないと回答した男女児269名を健康群として比較検討した。

［調査の内容］

　質問紙の内容は，以下の4つである。

(1)『小学生版QOL尺度』；24項目（Table 4.1参照）について，この1週間ぐらいのことを思い出して，「いつも－5」「たいてい－4」「ときどき－3」「ほとんどない－2」「ぜんぜんない－1」の5段階評定させる。レンジは，1～120であるが，0～100に換算し[注2]，得点が高いほどQOLが高いように

配点されている。

(2)現在治療中の病気の有無；①喘息，②アトピー性皮膚炎，③鼻炎，④その他など，から選択させる。

(3)Rosenberg の自尊感情尺度；Rosenberg（1965）によって作成され，自己についての価値的評価の程度を自己報告するものを用いた。具体的な質問項目としては，「自分にはいくつかよいところがあると思う」「私はいろいろなことを上手くやれると思う」など10項目について，「そう思う－4，まあそう思う－3，あまりそう思わない－2，そう思わない－1」の4段階評定する。得点がとりうる範囲は10～40点で，得点が高いほど自尊感情が高いように配点されている。

(4)子ども用うつ尺度：Kovacs（1985）が作成したもので，抑うつ傾向の自己評価尺度19項目を用いた。「①たまに悲しくなる－0，②よく悲しくなる－1，③いつも悲しい－2，④わからない－無回答」，「①何でもだいたいよく出来る－0，②うまく出来ないことが多い－1，③何をやっても出来ない－2，④わからない－無回答」など19項目を3段階で評定し，得点が取りうる範囲は0～38点で，得点が高いほどうつ傾向が強いように配点されている。なお，原尺度は21項目であるが，日本の学校の調査では不適当な表現（自殺など）と思われる2項目は除外した。

[調査の手続き]

　2001年11月～12月に，都内にある1つの公立小学校において，クラス単位で実施した。調査者が問題を1問ずつ朗読し，調査協力児が各自その回答を質問紙に記入する方式をとった。2回目の調査は，約1～2週間後に1，4，6年の児童に1回目と同様に行なわれた。この2回目の調査時には，小学生版 QOL 尺度を再度実施し，さらに4年生6年生の児童には，自尊感情尺度と子ども用うつ尺度も実施した。

　以下の教示をしてから始めた。

教示：このアンケートは，あなたの健康や生活についてお聞きするものです。この1週間ぐらいのことを思い出して，自分に1番あてはまる答えを選んでください。1問ずつ読みますから，順番にやって下さい。これには，正しい答えやまちがった答えはありませんので，お友だちに相談しないで答えてください。

4.4 結果と考察

4.4.1 QOL総得点と6下位領域の得点の構成

QOL総得点（範囲24〜120）の平均は86.14（$SD = 13.15$）であった。これを原尺度と同様に0〜100の値に変換すると平均64.73（$SD = 13.69$）となった。これから示す得点は，すべて0〜100に換算したものである。

まず，QOL総得点について，学年(6)×性(2)の二要因の分散分析をした。その結果，性と学年との交互作用は認められなかったので，それぞれの主効果を検討した。性についての主効果は有意でなく，学年についてのみ有意であった（$F_{(5, 370)} = 3.30$, $p < .05$）。そこで，学年間の差についてScheffé による多重比較をおこなったところ，6年生のQOL総得点は1年生よりも低かった（$p < .05$）。次に，6下位領域のそれぞれの得点について，学年(6)×性(2)の二要因の分散分析をしたところ，交互作用は有意ではなかったので，それぞれの主効果を検討した。身体的健康得点，精神的健康得点，家族得点，友だち得点においては，学年差も性差についても主効果は有意ではなかったが，自尊感情得点では，学年差と性差について主効果が有意であった（$F_{(5, 370)} = 11.74$, $p < .01$, $F_{(1, 370)} = 5.29$, $p < .05$）。性差については女児の得点は男児より有意に低かった。学年間の差をみるためにScheffé による多重比較をしたところ，1年生の自尊感情得点の平均は4年〜6年のいずれよりも有意に高く，6年生の平均は1年〜4年のいずれより有意に低かった。2年生と

42   II部　実証研究

3年生ではほとんど変らないが，学年が高くなるにつれて自尊感情は低くな
る傾向にあった。学校生活得点では，学年差についてのみ主効果が有意であ
った（$F(5,370) = 3.34$, $p < .05$）ので，Scheffé による多重比較を行ったところ，
6年生の学校生活得点は4年生の平均より有意に低かった（$p < .05$）。

学年別の QOL 総得点と6下位領域の平均値のグラフを Figure 4.1 に，男
女別の QOL 総得点と6下位領域の得点のグラフを Figure 4.2 に示す。

4.4.2　信頼性

内的整合性を推定する Cronbach の α 係数は，Table 4.2 に示されている
ように，QOL 総得点では.84と高い値を示したが，6下位領域の得点は.43
〜.71と幅がみられた。

1年，4年，6年生の82名を対象にした1回目のテストと2回目の再テス
ト間の相関係数は，Table 4.3 に示すように，QOL 総得点とでは $r = .79$ と
なり，6下位領域については $r = .60 \sim .79$ と，それぞれ高い相関が見られた

Table 4.2　QOL 総得点と6下位領域得点の α 係数

α 係数	QOL 総得点	身体的健康	精神的健康	自尊感情	家族	友だち	学校生活
Cronbach の α 係数 $n = 382$	.84	.61	.56	.71	.64	.57	.43

Table 4.3　再テスト法による QOL 総得点と6下位領域得点の1回目と2回目の相関係数

相関係数	QOL 総得点	身体的健康	精神的健康	自尊感情	家族	友だち	学校生活
1回目と再テスト間の相関係数 $n = 76$	.79**	.62**	.68**	.63**	.79**	.60**	.62**

$**p < .01$

4章 「Kid-KINDL[R]：小学生版QOL尺度」の信頼性と妥当性　43

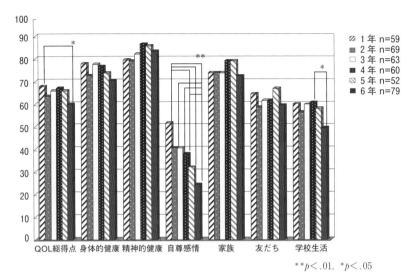

Figure 4.1　学年別の QOL 総得点の平均値と 6 下位領域の得点の平均値

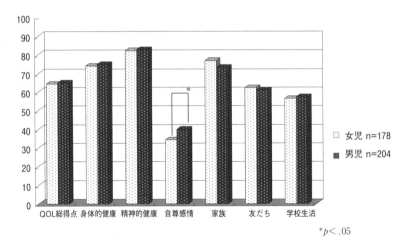

Figure 4.2　男女別の QOL 総得点の平均値と 6 下位領域の得点の平均値

44   Ⅱ部　実証研究

($ps<.01$)。

　Ravens-Sieberer & Bullinger（1998）による原尺度では，Cronbach の α 係数は QOL 総得点では.84で，6つの下位領域では.63〜.75と記されており，本研究結果である QOL 総得点の.84は同じであったが，6下位領域の得点では.43〜.71となり，原尺度より低かった。また，Cronbach の α 係数は4項目の場合は.73前後が望ましいとされる（Bohrnstedt & Knoke, 1988　海野・中村（監訳），1992）ので，本研究ではそれに達していない。特に下位領域の学校生活得点が.43と低かったため，後に内容は変えずにいいまわしを変更したところ.62となった。海外の質問紙を使うときには，欧米と日本の子どもの感情表現の違いや翻訳の時の表現の仕方などをより慎重に考慮して進めていかなければならいであろう。

4.4.3　妥当性

　QOL 総得点と Rosenberg の自尊感情尺度との相関係数は，Table 4.4 に示されたように，$r=.72$であり，6下位領域得点との相関係数は $rs=.48$〜.60となり，ともに正の有意な相関が得られた（$ps<.01$）。子ども用うつ尺度と QOL 総得点の相関係数は $r=-.68$で，6下位領域得点との相関係数は $rs=-.43$〜$-.67$となり，ともに負の有意な相関が得られた（$ps<.05$）。このことは，QOL 総得点および下位領域の得点が心理的適応の程度をみる自

Table 4.4　QOL と自尊感情尺度ならびに子どもうつ尺度との相関係数

心理尺度 ＼ QOL	QOL 総得点	身体的 健康	精神的 健康	自尊 感情	家族	友だち	学校 生活
自尊感情尺度 $n=90$	$.72^{**}$	$.50^{**}$	$.48^{**}$	$.60^{**}$	$.55^{**}$	$.55^{**}$	$.56^{**}$
うつ傾向尺度 $n=75$	$-.68^{**}$	$-.47^{**}$	$-.66^{**}$	$-.44^{*}$	$-.67^{**}$	$-.47^{**}$	$-.44^{**}$

$^{**}p<.01,\ ^{*}p<.05$

4章 「Kid-KINDL^R：小学生版QOL尺度」の信頼性と妥当性　45

尊感情尺度や子ども用うつ尺度とQOL尺度が理論的に期待される方向での関連性があることを示している。

　次に，健康群，疾患群，相談室群の3つのグループにおけるQOL総得点と6下位領域の得点について分析した。QOL総得点について一要因の分散分析をおこなった結果，群の主効果が有意であった（$F(2,379) = 16.78, p < .01$）。Scheffé法を用いた多重比較による3群間の差をみると，健康群は相談室群よりも高く，疾患群も相談室群よりも高かった（$p < .01$）。さらに，6下位領域の得点についても一要因の分散分析を行なった結果，いずれも群の主効果が有意であった（$F(2,38) = 8.71$, $F(2,38) = 15.86$, $F(2,38) = 5.22$, $F(2,38) = 7.73$, $F(2,38) = 4.27$, $F(2,38) = 9.93$, $ps < .05$）。そこで，Scheffé法を用いた多重比較によるとFigure 4.3に見られるように，6下位領域のすべて

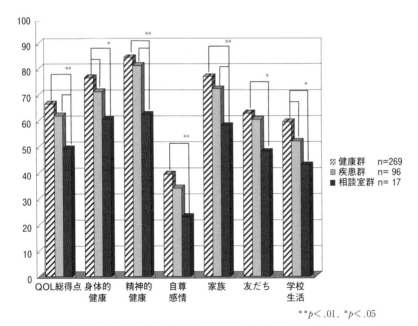

$**p < .01, *p < .05$

Figure 4.3　健康群・疾患群・相談室群のQOL総得点と6下位領域の得点の平均値

46   II部　実証研究

の得点において健康群は相談室群に比べて有意に高く，身体的健康得点と学校生活得点では健康群は疾患群よりも高かった（$p < .05$）。また，精神的健康得点，家族得点では疾患群は相談室群よりも高かった（$p < .01$）。

4.5　討論

4.5.1　小学生版 QOL 尺度の信頼性と妥当性

　Ravens & Bullinger（1998, 2003）による原尺度では，内的整合性法と他の尺度との関連性，親用の質問紙のデータとの対応の程度によって検討され，信頼性と妥当性が確認されている。本研究では学校で調査したため親からのデータを得るのは難しいと判断し，内的整合性法と再テスト法によって信頼性を検討した。内的整合性法をみる α 係数では QOL 総得点は高かったが，学校生活得点の4項目は高くなかったので項目内容を検討する必要があった。また，信頼性のために行った再テスト法では，QOL 総得点ならびに6下位領域の得点の1回目と2回目の得点はかなり高い相関が得られた。

　原尺度の妥当性は Child Health Questionnaire（Landgraf et al., 1997），the SF-36（Bullinger & Kirchberger, 1998），Life Satisfaction（FLZM; Herschbach & Henrich, 2000）との関連性によって検討されているが，これらの質問紙は日本語版がないため，本研究では，翻訳版があり，わが国でよく使われている心理的適応尺度（自尊感情尺度，子ども用うつ尺度）との関連性を検討した。その結果，自尊感情尺度，子ども用うつ尺度ともに QOL 総得点ならびに6下位領域得点と高い期待される方向での関連が見られた。

4.5.2　小学生版 QOL 尺度と原尺度の適応を識別する力

　原尺度は，健康群とリハビリクリニックに通う喘息群，アトピー性皮膚炎群，肥満群の比較とリハビリの前後を検討し，健康の障害における差とリハ

ビリ後に有意な変化が見られたとしている。本研究では，心身の健康状態で分けた3群（健康群，疾患群，相談室群）の弁別可能性について検討したところ，『健康相談室』に保健室登校や何らかの問題で授業時間中や放課後に来室する児童のQOL得点はいずれも低く，QOL尺度の識別能力はかなり高いといえる。しかし，疾患群と健康群の得点の間にはQOL総得点に有意差はなく，下位領域の身体的健康得点と学校生活得点にのみに有意差がみられた。治療中の喘息・アトピー性皮膚炎・鼻炎・その他の病気を報告している児童を便宜上疾患群として3群の比較をしたが，疾患群といってもあくまで学校に来られている児童であったので，この結果は妥当であると考えられる。

4.5.3　小学生版 QOL 尺度の有効性と残された課題

Kid-KINDL[R]の原尺度は，子どもの身体的健康度（CHQ；Global health），精神的健康度（CHQ；General well-being），生活満足度（FLZ；Life satisfaction），日常的活力度（SF-36；Vitality）との関連が高かった（Ravens-Sieberer & Bullinger, 1998, 2003）。

本研究の小学生版 QOL 尺度では，小学校で調査を行い，信頼性と妥当性が示唆された。心理的適応尺度との関連も高かく，子どもの主観的側面に着目した健康関連 QOL の包括的尺度といえる。しかし，身体的健康を問うてはいるものの，身体のどこが悪いかなど具体的な身体の症状に関しては限界がある。Ravens-Sieberer & Bullinger は，後に疾患特有の症状を扱った疾患ごとの質問紙 Disease specific modules（Adiposity Asthma bronchiale, Diabetes, Epilepsy, Oncology, Neutodermatitis, Spina bifida）も用意したので，それと併用して使われることが望まれる。

ここで残された本研究の課題が2つあった。1つ目の課題は，低学年（1，2年生）に関しては，妥当性の検討をしていないことから，本尺度の低学年への使用可能かを確認する必要があった。これについては，次に述べるように，別の研究で検討する。2つ目の課題として，質問紙の標準化が望まれ，

48   II部　実証研究

調査協力者を1校だけの小学校ではなく全国的に拡大し，①調査地域，②調査時期，③調査対象年齢，などについて考慮し，標準化を検討する必要があった。この点に関しては，次の5章の研究で検討する。

4.6　小学1，2年生の面接調査による妥当性の検討

4.6.1　目的

　前述のように，「小学生版QOL尺度」の信頼性と妥当性の検討をしたが，その際，妥当性の検討は4年と6年においてであり，低学年の児童の妥当性の検討はしていなかった。妥当性の検討には「小学生版QOL尺度」の他に2つの心理的適応尺度を実施しなければならず，小学校低学年では負担が大きいと考えたためである。しかし，年齢の低い子どもにはインタビュー形式にして，練習用の質問をすることによって子どもの信頼性のある答えを引き出すことができる（Quittner et al., 2003）ということから，小学校の協力を得て，個別の対面調査による小学1，2年生における妥当性の検討をする。

4.6.2　方法

［調査協力者］

　小学1，2年生（全6クラス）の調査協力者185名（男児102名，女児83名）に，個別面接調査を実施した。無回答のあるもの4名を省き181名（男児101名，女児80名，有効回答率98％）を分析対象とした。

［調査内容］

　前回同様に，小学生版QOL尺度の24項目，自尊感情尺度（Rosenberg, 1965）の10項目，子どもうつ尺度（CDI, Kovacs, 1985）19項目，をたずねる。その際，原尺度と同様の練習用の例題と，低学年でも頻度の言葉の理解を容易にする

Table 4.5 「小学生版 QOL 尺度」の例題と 5 段階評定表

	ぜんぜんない	ほとんどない	ときどき	たいてい	いつも
たとえば， 　この 1 しゅうかん…					
…わたしは　アイスクリームを たべたいなあと　おもっていた。		○			

ために，5 段階評定を丸の大きさで視覚的にとらえられるように，頻度によって大きさの異なる丸を例題の前につけ，Table 4.5 のような質問に対する答えのカードを用意した。

　上記のカードをみせながら，以下の教示をしてから，各項目に進む。

教示 1：このアンケートは，あなたの健康や生活についてお聞きするものです。この 1 週間ぐらいのことを思い出して，自分に 1 番あてはまる答えを選んでください。これには，正しい答えやまちがった答えはありませんので，お友だちに相談しないで答えてください。

教示 2：あなたが，一番あてはまると思うところの□のなかに，はみださないように　○を書いてください。「いつも・たいてい・ときどき・ほとんどない・ぜんぜんない」の言葉の意味は，◎の大きさを見て，考えてください。

教示 3：では，はじめに練習問題をやってみましょう。

[調査の手続き]

　2003年12月 3 日，4 日，5 日，8 日の 4 日間，心理学専攻の大学生，大学院生と臨床心理士らのべ69名が，小学校の協力を得て健康相談室，会議室，

50　II部　実証研究

ランチルーム，生活科室において，対象児童を個別に約20〜40分かけて面接
調査をした。

4.6.3　結果と考察

4.6.3.1　小学1，2年生のQOL総得点ならびに6下位領域得点

　1年生と2年生のQOL総得点並びに6下位領域得点の平均値と標準偏差
をTable 4.6に示した。1年生と2年生の各平均得点の間に学年による有意
差は，みられなかった。

4.6.3.2　QOL総得点と自尊感情尺度，子ども用うつ尺度との相関

　QOL総得点ならびに6つの下位尺度得点とRosenbergの自尊感情尺度，
子ども用うつ尺度間の相関係数をTable 4.7に示した。自尊感情尺度と

Table 4.6　小学1年生と2年生のQOL総得点並びに6下位領域得点

学年	QOL 総得点	身体的 健康	精神的 健康	自尊 感情	家族	友だち	学校 生活
1年生 $n = 100$	71.50 (12.16)	73.88 (17.05)	75.13 (19.82)	70.13 (20.86)	68.75 (19.82)	72.13 (16.93)	69.00 (20.06)
2年生 $n = 81$	71.12 (11.63)	74.69 (17.89)	76.08 (19.28)	68.21 (21.75)	68.06 (21.65)	72.84 (15.79)	66.82 (17.81)

Table 4.7　QOL総得点と6下位尺度得点と自尊感情尺度，子どもうつ尺度との相関係数

心理尺度	QOL 総得点	身体的 健康	精神的 健康	自尊 感情	家族	友だち	学校 生活
自尊感情尺度 $n = 178$	.55**	.35**	.30**	.40**	.24*	.37**	.41**
子どもうつ尺度 $n = 75$	−.66**	−.52**	−.42**	−.32**	−.38**	−.35**	−.48**

$**p < .01,　*p < .05$

QOL総得点との間にはPearsonの積率相関係数 $r = .55$ となり，6下位領域の各得点との間には，$r = .24 \sim .41$ との正の有意な相関（$ps < .05$）がみられた。また，子ども用うつ尺と QOL 総得点との間には Peason の積率相関係数が $r = -.66$ となり，6下位領域の各得点との間にも $r = -.32 \sim -.52$ といずれも中程度の負の有意な相関がみられた（$ps < .01$）。

Rosenberg の自尊感情尺度と子ども用うつ尺度とは，理論的に期待される方向での有意な相関がみられ，これら2つの心理的適応尺度と小学生版QOL尺度の関連性が示された。

4.6.4　討論

小学生版 QOL 尺度の妥当性を検討するために，4年生と6年生に実施したRosenberg の自尊感情尺度と子ども用うつ尺度の質問紙を1，2年生に集団で行うことは，難しいと判断し，2001年度の調査では，低学年は信頼性のみの検討であった。

そこで，個別面接調査によって，小学版 QOL 尺度と Rosenberg の自尊感情尺度，子ども用うつ尺度を施行した。その結果，QOL 総得点ならびに6下位領域の各得点と自尊感情尺度の間に正の有意な相関がみられ，子ども用うつ尺度との間にはいずれも中程度の負の有意な相関がみられ，期待される方向での関連性を示した。子どもの年齢が低い場合，練習用の質問をすることで質問とやり方を理解しているかを確かめられたので，個別面接調査は有効なやり方であった。

4章のまとめ

子どもの適応の測定具である Kid-KINDL[R]（Ravens & Bullinger, 1998）を翻訳し，「小学生版 QOL 尺度」と名付けた。この「小学生版 QOL 尺度」の信頼性と妥当性を検討したところ，α 係数と再テスト法から信頼性が得られ，

他の2つの心理的適応尺度と期待される方向での相関がみられ，構成概念妥当性が示され，また，健康群，疾患群，相談室群の3群の比較によって弁別妥当性も示された。この尺度がわが国の小学生に使えることが示唆された。

さらに，小学1，2年の低学年に対して個別面接調査によって尺度の妥当性を検討したところ，先の2つの心理的適応尺度と期待される方向での相関がみられ，構成概念妥当性が示された。個別面接による小学校低学年の妥当性を検討できたことによって，小学生版QOL尺度が低学年にも充分使える尺度であることが示された。

5章　「小学生版 QOL 尺度」の日本における標準値

　4章で「小学生版 QOL 尺度」がわが国でも使えることが示唆されたので，本章では研究2で役立てるためにも，この尺度の標準値をだすことにした。

5.1　目的

　「小学生版 QOL 尺度」の標準化を検討し，研究2の調査協力児の得点を標準値と比較できるために，各学年の標準値を算出することを目的とする。具体的には，全国的な規模の調査にするために，調査協力者の拡大をはかり，調査地域（①政令指定都市である横浜市を含めた首都圏，②全国の市部，③全国の町村部），調査時期や学校の種類も考慮し，調査を依頼した。

5.2　方法

[調査協力者]

　調査地域と調査時期を考慮し，2003年11〜12月に，①首都圏；都内にある私立小学校1校679名，神奈川県政令指定都市横浜市内にある公立小学校2校1,438名（935名，503名）②市部；神奈川県相模原市内にある公立小学校2校1,073名（646名，427名）③町村部；福島県某村内にある公立小学校1校69名に調査書を配布した。2004年2月に，③町村部；新潟県某町村内にある公立小学校2校233名（120名，113名）に調査用紙を配布した。さらに，2004年6〜7月時に，①首都圏；都内の公立小学校1校414名，②市部；岐阜県岐阜市内の国立小学校1校588名，③町村部；福島県某町村内の公立小学校9校1,189名に配布した。したがって，合計19校，児童5,683名に質問紙を配布

54　Ⅱ部　実証研究

した。回収された質問紙のうち1年生を省き，無回答や回答不備のあったも
のを除き，最終的には，19校の小学2〜6年生，首都圏2,005名（女児958名，
男児1,047名），市部1,354名（女児688名，男児666名），町村部1,248名（女児613
名，男児635名），計4,607名が対象者となった。学年別に見ると2年生960名，
3年生913名，4年生902名，5年生903名，6年生929名である。

　この全国の小学校19校の小学生4607名のうち，フェイスシートで，病院で
治療中の病気の有無を問う項目に「ない」と答えた「健康群」は，3702名
（男児1868名，女児1834名）であった。標準化に際しては，この「健康群」を
分析対象とすることにした。

　調査協力者のうち「健康群」の内訳を Table 5.1 に示す。

[調査の手続き]

　調査内容は，自己記入式の「小学生版QOL尺度」，フェイスシートで学
年・性別・現在治療中の病気の有無をたずねた。

　調査時期は2003年11〜12月，2004年2〜3月，6〜7月，全国調査を目標
に，首都圏，地方の大都市，地方の町村部にある小学校に依頼し，調査に同
意を得られた小学校に，実施に対するお願い文と実施要項を添付し，質問紙
を送付した。実施要項には，クラスごとに実施して，子どもがやりたくない

Table 5.1　調査協力者における本分析対象「健康群」の内訳

地域	学校の種類	学校数（校）	女児（人）	男児（人）	総数（人）
首都圏	公立	3	565	600	1165
	私立	1	194	204	398
市部	公立	2	306	305	611
	国立	1	253	238	491
町村部	公立	12	516	521	1037
	合計	19	1834	1868	3702

場合は，×をつけてやらなくても問題ないこと，低学年には児童が項目の番号を抑えながら，先生が項目を読み上げていただきながらすすめるとよいこと，実施時間はおおよそ10〜15分程度であることなどを記した。

分析方法は，尺度得点の算出はKINDLの得点化ソフトを用い，統計解析ソフトにはPASW Statistics 18を使用し，検定の有意水準は5％とした。

5.3　結果と考察

5.3.1　地域（首都圏，都市部，町村部）別のQOL総得点

全国の得点の標準化をするためには，地域差がみられないことが必要と考え，はじめに本分析対象者における地域差の検討を行った。首都圏，都市部，町村部を3群として，QOL総得点を比較するために，1要因の分散分析を行った。その結果，QOL総得点においては3群の差は有意ではなかった（F(2,3699)=1.21, n.s.)。Table 5.2に3群のQOL総得点を示す。

次に6下位領域について検討すると，身体的健康得点，精神的健康得点，家族得点，友だち得点には有意差はみられなかった（F(2,3689)=1.43, F(2,3688)=0.59, F(2,3690)=0.26, F(2,3686)=2.79, n.s.)。自尊感情得点と学校生活得点では有意差がみられた（F(2,3690)=13.64, F(2,3688)=6.01, $p<.05$)ので，Bonferroni法による多重比較を行ったところ，自尊感情得点では，首都圏55.95（SD=25.92）は，市部52.92（SD=23.72）よりも，町村部50.95（SD=23.13）よりも有意に高かった（$p<.001$)。学校生活得点では，首都圏58.24（SD=19.24）は，市部57.13（SD=21.29）が町村部60.10（SD=19.66）より有意に低かった（$p<.01$)。QOL総得点，6下位領域の身体的健康得点，精神的健康得点，家族得点，友だち得点には地域差はみられず，自尊感情得点と学校生活得点のみに地域差がみられた。しかし，QOL総得点における首都圏校・市部校・町村部校の得点に有意差がみられなかったことから，

Table 5.2 首都圏・市部・町村部の調査協力者の QOL 総得点

地域	首都圏	市部	町村部
QOL 総得点	68.22(13.72)	67.41(13.79)	67.87(12.379)

QOL 総得点の標準化に地域差は問題にしなくてもよいと判断した。

5.3.2 全国小学生の QOL 総得点

全国19校の小学生3702名における QOL 総得点の度数分布を確認したところ，Figure 5.1 のように，得点の度数分布はほぼ正規分布していた。平均値は67.88（$SD=13.38$），中央値は68.75で近似値であり，最小値は16.67，最大値は100，尖度は.025，歪度は－.300であった。次に，QOL 総得点の平均値を学年別，男女別に算出し，Table 5.3 に示した。差の検討を行うために，2要因（学年×性）分散分析を行った。その結果，交互作用と性別の主効果は有意ではなく，学年の主効果がみられた（$F(4,3692)=23.19, p<.001$）。そこで，Bonferroni 法による多重比較を行ったところ，有意差がみられたのは，2年生（70.39, $SD=13.14$）は4年生（68.46, $SD=13.25$），5年生

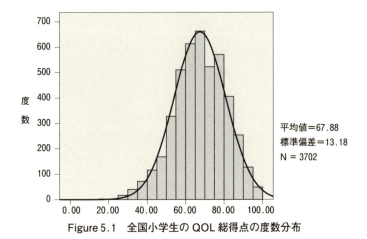

Figure 5.1 全国小学生の QOL 総得点の度数分布

Table 5.3 全国小学生の QOL 総得点

	平均値	標準偏差
全体　　n＝3702	67.88	13.38
男子 n＝1868	67.98	13.50
女子 n＝1834	67.78	13.26
2年生　n＝755	70.39	13.15
男子 n＝402	70.42	12.57
女子 n＝353	70.36	13.79
3年生　n＝698	69.66	13.06
男子 n＝339	70.01	13.16
女子 n＝353	69.33	12.97
4年生　n＝735	68.46	13.25
男子 n＝378	68.09	13.27
女子 n＝357	68.84	13.24
5年生　n＝744	66.19	13.49
男子 n＝362	66.74	13.98
女子 n＝382	65.67	13.00
6年生　n＝770	64.88	13.13
男子 n＝387	64.71	13.72
女子 n＝383	65.06	12.52

(66.19, $SD＝13.49$)，6年生（64.88, $SD＝13.13$）よりも高く，3年生（69.66, $SD＝13.06$）は5年，6年生より高く，4年生は5年，6年生よりも高く，5年，6年生は2年，3年，4年生より低かった。小学生の QOL 総得点では，男女差はみられないが，学年が上がると得点は減少する傾向にあった。

5.3.3　全国小学生の6下位領域得点

次に，6つの下位領域の平均値を算出すると，身体的健康得点が77.23（$SD＝16.88$），精神的健康得点が79.27（$SD＝17.45$），自尊感情得点が53.65（$SD＝24.60$），家族得点が68.92（$SD＝19.55$），友だち得点が69.80（$SD＝18.00$），学校生活得点が58.43（$SD＝20.01$）であった。6下位領域のうち自尊感情得

点が最も低く，身体的健康得点とは20点以上の差が見られた。Table 5.4に6下位領域の平均値（全体／学年別／性別）示した。QOL総得点と同様に，学年差，性差を検討するために，2要因（5×2）の分散分析を行った。なお，多重比較はすべてBonferroni法によって行った。その結果，6下位領域のいずれにも学年と性の交互作用はみられず，身体的健康得点においては学年の主効果と性の主効果がみられた（$F_{(4,3682)}=7.85$, $F_{(1,3682)}=13.44$, $p<.001$）。多重比較を行ったところ，2年生と3年生は5年，6年生よりも高く，4年生は6年生より高く，5年は2年3年生より低く，6年は2年，3年，4年生より有意に低かった。また，男子は女子よりも有意に高かった。精神的健康得点では，学年の主効果（$F_{(4,3681)}=2.52$, $p<.05$）のみがみられたので多重比較を行ったところ，2年生は6年生より有意に低かった。自尊感情得点においては，学年と性の主効果が有意であった（$F_{(4,3683)}=77.64$, $F_{(1,3683)}=10.90$, $p<.001$）。多重比較の結果，2年生は4年，5年，6年生よりも高く，3年生は4年，5年，6年生よりも高く，4年生は2年，3年生よりは低いが5年6年生よりは高く，5年生は2年，3年，4年よりは低く6年生よりは有意に高かった。また，男子は女子より有意に高かった。家族得点では，性の主効果のみが有意で（$F_{(1,3683)}=19.94$, $p<.001$），男子は女子より有意に低かった。友だち得点においては，学年と性の主効果が有意であった（$F_{(4,3679)}=7.41$, $F_{(1,3679)}=6.40$, $p<.05$）。多重比較の結果，2年生は5年，6年生よりも高く，3年生は6年生よりも高く，5年生は2年生よりは低く，6年は2年，3年生より低かった。また，男子は女子より有意に低かった。学校得点では，学年の主効果のみ有意であった（$F_{(4,3681)}=37.03$, $p<.001$）ので，多重比較をしたところ，2年生は3年，4年，5年，6年生よりも高く，3年生は2年よりは低いが5年，6年生よりも高く，4年生は5年，6年生よりも高く，5年，6年生は2年，3年，4年生よりも有意に低かった。

　6下位領域においては，身体的健康得点，自尊感情得点，友だち得点，学

5章 「小学生版 QOL 尺度」の日本における標準値　　59

Table 5.4　全体／学年／性別における 6 下位領域の平均値と SD（下段）

	身体的健康	精神的健康	自尊感情	家族	友だち	学校生活
全体	77.23	79.27	53.65	68.92	69.8	58.43
	16.88	17.45	24.60	19.55	18.00	20.01
男児	78.24	79.74	55.03	67.47	69.08	58.32
	16.80	16.95	25.36	19.92	18.49	21.02
女児	76.21	78.80	52.25	70.40	70.53	58.55
	16.91	17.95	23.73	19.05	17.46	18.94
2 年生	78.55	78.20	62.11	67.08	72.22	64.19
	17.88	19.21	23.91	19.67	18.76	19.23
男児	78.78	78.97	63.12	66.05	72.11	63.51
	17.96	18.04	24.55	19.57	18.70	19.99
女児	78.30	77.32	60.97	68.25	72.36	64.98
	17.81	20.44	23.15	19.74	18.85	18.31
3 年生	78.99	78.47	59.52	69.91	70.52	60.70
	17.88	18.63	23.25	19.31	17.86	19.72
男児	80.95	78.84	60.86	68.80	70.42	60.50
	15.34	18.03	24.00	19.78	18.22	20.57
女児	77.15	78.11	58.26	70.96	70.61	60.70
	16.88	19.19	22.47	18.82	17.54	19.72
4 年生	77.82	79.33	55.11	69.69	69.92	58.90
	16.79	17.16	23.33	19.16	17.30	18.61
男児	78.15	79.76	55.71	68.15	68.71	58.07
	16.66	16.86	24.10	19.71	17.85	19.30
女児	77.47	78.87	54.48	71.32	71.20	59.79
	16.88	17.48	22.51	18.46	16.63	17.82
5 年生	76.03	79.56	48.33	68.77	69.00	55.46
	16.30	16.39	24.32	19.89	17.90	19.94
男児	77.45	80.25	51.10	67.50	67.93	56.09
	16.18	16.32	25.36	20.32	18.67	21.67
女児	74.69	78.92	45.72	69.96	70.00	54.86
	16.33	16.46	23.02	19.44	17.10	18.17
6 年生	74.95	80.72	43.84	69.25	67.45	53.14
	16.76	15.68	23.33	19.60	17.84	20.59
男児	76.15	80.79	44.58	67.09	66.22	53.31
	17.20	15.42	24.28	20.23	18.51	22.05
女児	73.73	80.65	43.09	71.44	68.70	52.14
	16.24	15.95	22.33	18.72	17.06	20.59

60　Ⅱ部　実証研究

校生活得点では学年が上がると得点は減少し，精神的健康得点では2年生より6年生の得点が高かった。家族得点では学年による差はみられなかった。また，男女による差がみられたのは，身体的健康得点，自尊感情得点，家族得点，友だち得点で，身体的健康得点と自尊感情得点は男子の方が女子より高かったが，家族得点と友だち得点は男子より女子の方が高かった。

5.3.4　全国小学生 QOL 総得点の標準化

　6下位領域においては自尊感情得点が他の得点と比べて著しく低いので，標準化するのは QOL 総得点のみとした。得点を標準化するにあたって，Z 得点化やT得点化する方法もあるが，本研究ではパーセンタイル値によって行うこととした。Table 5.5 は，全国小学生（2年～6年生，n＝3702）の QOL 総得点のパーセンタイル値を示したものである。パーセンタイル値を基にして，得点を100に換算とした場合と，素点の120点満点の場合とを視覚的に見やすくしたチャートを Figure 5.2 に示した。

5.3.5　全国小学生の6下位領域得点

　6下位領域得点においては，得点差が大きかったので標準化はせずに，各素点（4～20）と0～100に換算した得点の目盛を入れたダイヤグラムチャートを作成した（Figure 5.3）。領域ごとの平均値を入れてあるので，個人や集団の得点をプロットすれば平均値との関連がわかる。

　なお，小学生 QOL 総得点のチャートと6下位領域得点のダイヤグラムチャートは，小学生版 QOL 尺度の実用化のために作成したものである（柴田・松嵜，2014；柴田，2014）。

5.4　討論

　わが国における標準値を出すため，調査協力者，調査時期，調査地域の拡

5章　「小学生版 QOL 尺度」の日本における標準値

Table 5.5 小学生 QOL 総得点のパーセンタイル値

		total100	粗点(120)
度数	有効	3702	3702
	欠損値	0	0
パーセンタイル	5	44.7917	67.0000
	10	50.0000	72.0000
	15	54.1667	76.0000
	20	56.2500	78.0000
	25	59.3750	81.0000
	30	61.4583	83.0000
	35	63.5417	85.0000
	40	64.5833	86.0000
	45	66.6667	88.0000
	50	68.7500	90.0000
	55	69.7917	91.0000
	60	71.8750	93.0000
	65	73.9583	95.0000
	70	75.0000	96.0000
	75	77.0833	98.0000
	80	79.1667	100.0000
	85	82.2917	103.0000
	90	84.3750	105.0000
	95	88.5417	109.0000

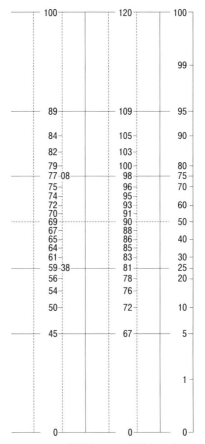

Figure 5.2 小学生 QOL 総得点のチャート

大を計り，全国的な調査を計画した。町村部にある学校は1校の人数が少ないため人数の調整が困難であったが，首都圏群，市部群，町村部群の調査人数はそれぞれ1200人以上の協力を得ることができた。調査の依頼を快諾いただけた学校に限られ，厳密な全国調査とはいえないが，2年間かけて，調査地域の人数をある程度そろえることができた。

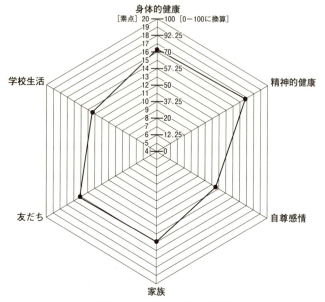

Figure 5.3　小学生 QOL の 6 下位領域得点のチャート

　調査時期においても，標準化するにはいろいろな時期に実施されることが望ましかったため，1学期，2学期，3学期と調査した。調査時期による比較検討するには，さらに条件をそろえる必要があるが，学校側の受け入れ態勢を考えると学期はじめなどの調査は困難だったため，可能なかぎりいろいろな時期を含めようと心がけた。また，全小学校数は19校になり，学校種類別に関しては，国公立と私立の小学校から協力が得られたが，種類別学校数の調整にはいたらなかった。学校間や学校種類間の得点差はあるものの，6年生の QOL 総得点が低いことや下位領域の自尊感情得点が年齢ごとに低下している傾向は，どの種類のどの学校にも同様な現象が見られた（柴田，2005；2008；2012；2013a）。

5章「小学生版QOL尺度」の日本における標準値　63

5章のまとめ

　本章では，「小学生版 QOL 尺度」のわが国における標準値を出すため，調査時期，調査地域を考慮し，調査協力者の拡大を計った。調査協力者のうち本分析に用いたもの（病気はないと報告した健康群）は，国公立私立19校の小学校の 2 〜 6 年生で，首都圏群（n＝1563），市部群（n＝1102），町村部群（n＝1037）の計3702名であった。原尺度同様に 0 〜100に換算し，Z 得点による標準化はせず，QOL 総得点はパーセンタイル値を算出し，6 下位領域得点の各平均値を全国の標準とした。

　Table 5.6 に，学年ごとの全国の標準を示す。これは，研究 2 で本縦断研究調査協力児（ 2 年時）の QOL 得点を高／中／低の 3 群に分けるときに役立てる。

Table 5.6　学年別の QOL 総得点ならびに 6 下位領域得点

学年＼QOL	QOL 総得点	身体的健康	精神的健康	自尊感情	家族	友だち	学校生活
2 年生 n＝755	70.39 (13.14)	78.55 (17.88)	78.20 (19.21)	62.11 (23.91)	67.08 (19.67)	72.22 (18.76)	64.19 (19.23)
3 年生 n＝698	69.66 (13.06)	78.99 (17.88)	78.47 (18.63)	59.52 (23.25)	69.91 (19.31)	70.52 (17.86)	60.70 (19.72)
4 年生 n＝735	68.46 (13.25)	77.82 (16.79)	79.33 (17.16)	55.11 (23.33)	69.69 (19.16)	69.92 (17.30)	58.90 (18.61)
5 年生 n＝744	66.19 (13.49)	76.03 (16.30)	79.56 (16.39)	48.33 (24.32)	68.77 (19.89)	69.00 (17.90)	55.46 (19.94)
6 年生 n＝770	64.88 (13.13)	74.95 (16.76)	80.72 (15.68)	43.84 (23.33)	69.25 (19.60)	67.45 (17.84)	53.14 (20.59)

6章 「親による子どものQOL尺度」の信頼性の検討

4章，5章で，「小学生版QOL尺度」をわが国で使えるように尺度の検討をしてきた。本章では，Kid-KINDL^R Parent version（8〜16歳の保護者用）も原尺度が用意しているので，尺度の検討をする。したがって，研究2でも使えるようになる。

6.1 目的

Bullinger & Ravens-Siebererは，親からみた子どものQOLを測定できるようにKid-KINDL^R Parent version（8〜16歳の保護者用）を作成している。小学生版QOL尺度と同じく24項目5段階評定からなり，同様の内容を「私の子どもは自分が病気だと思っていたようだ」，「私の子どもは一人ぼっちだと感じていたようだ」，「私の子どもは家で気持ちよく過ごしていた」のように，親の視点からみている。

このParent versionを「親による子どものQOL尺度」と名付け，翻訳し，わが国でも使用できるかを検討する。

6.2 方法

[調査協力者]

小学校の1年〜6年生の児童474名（女児217名，男児257名）とその保護者に「親による子どものQOL尺度」質問紙を配布し，447名から回答を得た。回答に不備のある18名を除き，さらに親子間の一致ができなかったもの7名を除き，親子が特定できる児童とその保護者422組（女児と保護者198組，男児

と保護者224組）を分析対象とした（有効回答率87％）。

［調査の手続き］

2003年11月に，都内の1公立小学校に，児童に「小学生版QOL尺度」を，その保護者には「親による子どものQOL尺度」の調査の依頼をし，承諾が得られた。そこで，調査前の保護者会で，保護者にも直接依頼し，調査の趣旨とやり方を説明した。

12月初旬，児童に「小学生版QOL尺度」を調査した当日に，封筒に入れた子どもと同じナンバリングをした「親による子どものQOL尺度」の質問紙を児童に家に持ち帰ってもらった。子どもと相談しないで親から見た子どものQOLの状態を記入するようにとの依頼文を添えた。その後それぞれ封をした調査用紙をクラスごとに回収してもらった。なお，親子それぞれの質問紙に同一の番号を当て，親子が一致できるようにした。

6.3　結果と考察

6.3.1　「親による子どもの QOL 尺度」の信頼性

「親による子どものQOL尺度」を用いて，保護者に親から見た子どものQOLについてたずねた結果は，Figure 6.1に見られるように，QOL総得点の平均値は75.29（$SD = 10.18$）で，ほぼ正規分布していた。

内的整合性を推定するCronbachのα係数をみると，Table 6.1に示されるように，QOL総得点では.87になり，6下位領域の得点も.58〜.85と高い値が得られた。

「親による子どものQOL尺度」の信頼性が示唆された。

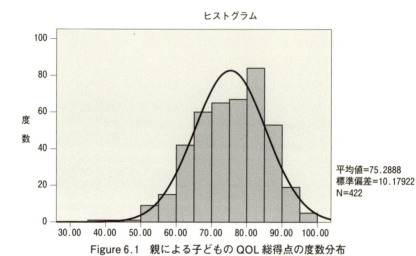

Figure 6.1 親による子どものQOL総得点の度数分布

Table 6.1 「親による子どものQOL尺度」のQOL総得点と6下位領域のα係数

	QOL総得点	身体的健康	精神的健康	自尊感情	家族	友だち	学校生活
Cronbachのα係数 n=422	.87	.63	.69	.85	.58	.75	.72

6.3.2 親による子どものQOL総得点と6下位領域得点

親による子どものQOL総得点ならびに6下位領域得点をTable 6.2に示した。さらに、子どもの学年と性によって学年(6)×性別(2)の二要因の分散分析を行ったところ、QOL総得点では、交互作用は有意でなく、学年の主効果と性の主効果も有意ではなかった。また、6下位領域の自尊感情得点では、学年による主効果が有意であった（$F(5.42)=3.37$, $p<.05$）ので、Tukey HSDによる多重比較をおこなうと、Table 6.3にみられるように、2年生の自尊感情得点は5年、6年生の得点より有意に高かった。

6章 「親による子どもの QOL 尺度」の信頼性の検討 67

Table 6.2 親による子どもの QOL 総得点と 6 下位領域得点

(SD)

	QOL 総得点	身体的 健康	精神的 健康	自尊 感情	家族	友だち	学校 生活
全体 n = 422	75.28 (10.18)	82.81 (15.53)	84.02 (13.53)	65.63 (16.46)	66.71 (13.91)	77.30 (15.00)	75.28 (15.07)

Table 6.3 子どもの学年と性別による親からみた子どもの QOL 総得点と 6 下位領域得点

QOL 学年	QOL 総得点	身体的 健康	精神的 健康	自尊 感情	家族	友だち	学校 生活
1 年 n = 83	76.38 (9.71)	84.64 (17.66)	85.17 (13.79)	67.77 (15.01)	66.86 (11.12)	76.51 (14.19)	77.41 (13.79)
2 年 n = 66	78.35 (9.91)	84.38 (14.68)	87.22 (10.31)	70.55 (16.33)	69.13 (14.03)	79.73 (13.61)	79.07 (14.23)
3 年 n = 74	75.00 (10.04)	82.18 (14.94)	83.70 (14.14)	66.13 (15.89)	64.70 (13.51)	77.79 (16.03)	75.51 (15.05)
4 年 n = 77	74.86 (9.32)	81.98 (13.79)	83.69 (12.79)	65.42 (15.53)	68.02 (15.27)	77.76 (13.08)	72.32 (14.71)
5 年 n = 59	73.41 (10.99)	83.47 (14.81)	81.46 (13.43)	60.81 (18.89)	64.83 (15.17)	77.75 (16.63)	72.14 (17.65)
6 年 n = 63	73.26 (10.87)	79.86 (16.78)	82.34 (15.89)	61.81 (16.35)	66.57 (14.51)	74.21 (16.67)	74.80 (14.59)
女児 n = 198	74.51 (10.93)	81.16 (17.809)	83.05 (14.92)	65.97 (17.10)	65.59 (14.70)	76.33 (15.80)	74.97 (16.21)
男児 n = 224	75.98 (9.44)	84.26 (16.78)	84.88 (12.13)	65.32 (15.91)	67.69 (13.13)	78.15 (14.23)	75.56 (14.02)

68　Ⅱ部　実証研究

　以上のように，親からみた子どもの QOL は自尊感情得点においてのみ，5，6年生の子どもの親は低学年の親よりも低く評価していたが，他の得点においては子どもの年齢や性別による差がみられなかった。

　次に，子どもの QOL 総得点と親による子どもの QOL 総得点との Peason の積率相関係数は，$r = .32$ となり（$p < .01$），6下位領域の得点は $r = .16$ ～ .32であった（$ps < .05$）。Table 6.4 にみられるように，QOL 総得点，身体的健康得点，精神的健康得点，友だち得点，学校生活得点では弱い相関（$p < .01$）がみられたがいずれも低い関連であった。

Table 6.4　親（P）による子どもの QOL と子どもの QOL との QOL 総得点ならびに6下位領域得点の相関係数

子ども ＼ 親（P）	親による子どもの QOL						
	P：QOL 総得点	P：身体的健康	P：精神的健康	P：自尊感情	P：家族	P：友だち	P：学校生活
QOL 総得点	.32**	.20**	.23**	.21**	.17*	.24**	.34**
身体的健康	.32**	.32**	.23**	.15*	.10	.27**	.26**
精神的健康	.25**	.16*	.23**	.09	.08	.24**	.30**
自尊感情	.15*	.08	.09	.18*	.06	.09	.13*
家族	.17*	.08	.16*	.11	.16*	.11	.11
友だち	.27**	.10	.21**	.17	.06	.29**	.28**
学校生活	.16*	.11	.10	.14*	.01	.03	.27**

$**p < .01$, $*p < .05$

6.4　討論

　Kid-KINDL[R] の Parent version（8～16の保護者用）を翻訳したものを「親による子どもの QOL 尺度」として，その妥当性と信頼性の検討をしたところ，内的整合性をみる Cronbach の α 係数は高い値が得られ，尺度の信頼性は示唆された。

しかし，子ども自身の報告による得点と親による子どもの QOL 得点には弱い相関しか見られなかった。また，子どもが報告する得点では，QOL 総得点，身体的健康得点，自尊感情得点，友だち得点，学校生活得点に学年間の有意な差がみられたのに，親による子どもの QOL では自尊感情得点のみで，子どもの学年による差はみられなかった。

この結果や精神面の問題を抱えている子どもの母親が，子どもの問題をどのくらい認識しているかを検討した先行研究（根本・松嵜・柴田・古荘・曽根・左藤・渡辺, 2005）でも，子ども自身の報告と親からみた子どもの QOL は同一ではなかった。以前は，子どもの健康関連 QOL の妥当な情報として親を使うことを主張する研究者もいたが，現在では親でも子どもの情動的機能のような心の状態の理解には限界があるとされている（Levi & Drooootar, 1998）。ただ，子どもたちの認識は親から得られた情報とは異なるけれども，同等に価値があることも指摘されている（Eiser & Morse, 2001; Quittner, 1998）。本研究でも，子ども自身の QOL の認識と親からみた子どもの QOL の下位領域の得点には差異がみられ，特に自尊感情得点と家族得点が低い相関になっていること，また親の得点は子どもの年令や性別によってあまり変化しないことがわかり，これら子ども自身の QOL 報告と母親による子どものQOL の報告のずれについては，後の研究でも詳しく検討されている（柴田, 2013b，2013c）。

6 章のまとめ

Kid-KINDL[R] の Parent version（8〜16歳の保護者用）を翻訳し，「親による子ども QOL 尺度」として，尺度の信頼性を検討した。その結果，内的整合性をみる Cronbach の α 係数は高い値が得られ，尺度の信頼性が示された。

親からみた子どもの QOL 得点と子ども自身が報告した QOL 得点の相関は，低い相関しか見られなかった。親から見た子どもの QOL と子ども自身

70　Ⅱ部　実証研究

が報告する QOL が必ずしも一致しないことが示唆された。

研究1（4章〜6章）のまとめ

　子どもの適応を測定するために，QOL の測定具である Kid-KINDL^R （Questionnaire for Measuring Health-Related Quality of Life in Children, Ravens -Sieberer & Bullinger, 1998）を翻訳し，「小学生版 QOL 尺度」と名付けた。この尺度は，子どもの日常生活に即した内容を子どもの自己報告による質問紙で，身体的健康，精神的健康，自尊感情，家族，友だち，学校生活の6下位領域による総合得点で QOL を測定するものである。

　この尺度がわが国で使えるかどうか，尺度の信頼性と妥当性を検討した。Cronbach の α 係数と再テスト法から尺度の信頼性が得られ，2つの心理適応尺度（子ども用うつ尺度，自尊感情尺度）との相関が期待する方向での結果が得られ，構成概念妥当性が示された。そして，健康群（病気はないと報告した子どもたち），疾患群（学校には来ているが何らかの病気を報告した子どもたち），相談室群（相談室で個別に関わっていた子どもたち）の3群の比較によって弁別妥当性も示された。さらに，小学校低学年（1年，2年生）を個別面接調査によって，先の2つの心理適応尺度との相関をみたところ，期待する方向での結果が得られた。したがって，「小学生版 QOL 尺度」の信頼性と妥当性が示唆され，小学校低学年でも使用可能であることが示された。

　次に，調査地域と調査時期を考慮して，調査校を全国の小学生（2年〜6年生）に拡大し，標準値を検討した。4607名の調査協力者が得られたが，そのうちの健康群3702名を分析対象とした。その結果，6下位尺度のなかで自尊感情得点の平均値は他より著しく低かったので，標準化してしまうのは適切ではないと判断した。そこで，QOL 総得点のみをパーセンタイル値を算出し，6下位領域についてはその平均値をわが国の標準とした。

　さらに，the Kid-KINDL^R の Parent version を翻訳し「親による子ども

QOL 尺度」とした。Cronbach の α 係数は高く，尺度の信頼性は得られた。
しかし，子どもの報告との相関係数は低く，弱い関連しかみられなかった。

　なお，改定版「小学生版 QOL 尺度」を付録 3 に，「親による子ども QOL
尺度」を付録 4 に添付した。

［研究2］ 縦断研究による小学生の適応と
その規定要因の検討

　研究2では，3歳から小学2年生までの子どもとその両親を対象にした縦断研究によって集められた資料を用いる。はじめに，研究1で信頼性と妥当性の得られたQOL尺度によって小学2年時のQOLを測定し，そのQOL得点の高／中／低によってQOL3群に分ける。この3群の特徴を明らかにすることによって，小学2年生の適応とその規定要因を検討する。

　IMS縦断研究は，3歳から小学2年生までを追跡したもので，子どもとその両親を調査協力者として，子どもと母親の毎年の個別対面調査に加え，両親への質問紙による郵送調査をも行った。対面調査では，実験的な母子交渉の観察など多様な方法で資料が集められており，本研究ではその資料の一部を用いる。7章では，研究2で用いるIMS縦断研究の概要について述べ，次の8章では小学2年時のQOL尺度得点を高／中／低の3群に分け，このQOL3群の学校や家庭での適応の質を明らかにする。さらに9章ではこのQOL3群を規定する要因として，親の要因について検討し，10章では子ども自身の要因について検討する。11章では，これらの親の要因と子どもの要因を合わせた複数の変数を同時に扱うことによって，それらが複合的に作用して小学2年時のQOLを識別するのかを検討する。最後12章では，事例研究によって，これまでの統計的分析で得られた結果が一人の子どもにはどのように反映しているか検討する。

7章　研究の概要

　本章では，この研究で用いるデータの調査協力者，調査の内容について説明する。

7.1　調査協力者とその背景

7.1.1　調査協力者：子ども

　本研究では，2006年3月現在，小学2年時調査の完了した54名（女児27名，男児27名）のうち QOL 尺度の回答に不備があった1名をのぞく53名（女児26名，男児27名）が分析対象とした。Table 7.1 に示したように，3〜6歳の毎年計4回の個別面接調査とその面接調査後の質問紙調査4回を実施し，小学1年，2年の時は年1回の個別面接調査とその前後に質問紙調査を計4回行った。

Table 7.1　調査の時期と月齢の平均値とレンジ

	調査	調査時の平均月齢（SD）	レンジ（月）
Time1	3.6歳調査	43.12(1.63)	42〜49
Time2	4.3歳調査	51.98(2.05)	50〜60
Time3	5.0歳調査	61.38(2.02)	59〜68
Time4	6.0歳調査	74.47(1.92)	72〜79
Time5	小学1年生調査	86.73(3.56)	80〜93
Time6	小学2年生調査	99.44(3.95)	92〜109

74　Ⅱ部　実証研究

子どものきょうだい（小学 2 年時）

　小学 2 年生時の調査協力児は，第 1 子が39人（73.6％）で，第 2 子が14人（26.4％）であった。きょうだい関係は Table 7.2 のように，1 人っ子が24人（45.3％），2 人きょうだいが24人（45.3％），3 人きょうだいが 4 人（7.5％），4 人きょうだいが 1 人（1.9％）であった。また，きょうだいの年齢は，2 〜 3 歳年上が 9 人，2 〜 3 歳下が12人と最も多かったが，きょうだいの年齢のレンジは 0 歳から15歳までにわたっていた。

Table 7.2　きょうだい関係（小学 2 年時）

(%)

	女児	男児	全員
1 人っ子	11（20.8）	13（24.5）	24（45.3）
2 人きょうだい	14（26.4）	10（18.9）	24（45.3）
3 人きょうだい	1（ 1.9）	3（ 5.7）	4（ 7.5）
4 人きょうだい	0	1（ 1.9）	1（ 1.9）
計	26	27	53（100）

　調査に協力してくれた子どもの 7 割以上が第 1 子であり，1 人っ子が女児と男児ともに全体の半数近くいた。2 人きょうだいも多くみられ，1 人っ子と 2 人きょうだいを合わせると 9 割以上になった。きょうだい間の年齢差は，年の離れたきょうだいもいるが，2 〜 3 歳離れたきょうだいが多かった。

7.1.2　調査協力者：子どもの父母

　Table 7.3 のように，調査開始時の母親の平均年齢は35.30歳（$SD = 3.37$）であり，父親の平均年齢は38.04歳（$SD = 4.55$）であったが，6 年後の調査終了時の本研究の分析の対象になった調査協力者53名の母親の平均年齢は39.62歳（$SD = 3.2$）であり，父親の平均年齢は42.02歳（$SD = 4.3$）であった。

7章　研究の概要　　75

Table 7.3　小学2年時53名の両親の年齢と調査初年度の年齢 *(SD)*

	小学2年時 n＝53	調査初年度 n＝85
母親の年齢	39.62歳（3.2）	35.30（3.4）
父親の年齢	42.02歳（4.3）	38.04（4.6）

　また，本調査の調査協力児（53名）の両親の最終学歴は，Table 7.4に示されるように，母親の学歴は，高校卒業6名（11.3%），短大・専門学校卒業19名（35.8%），大学卒業26名（49.1%），大学院2名（3.8%）であった。父親の学歴は，高校卒業1名（1.9%），短大・専門学校卒業5名（9.4%），大学卒業41名（77.4%），大学院卒業6名（11.3%）であった。母親の約半数が大卒であり，父親の8割以上が大卒であった。

Table 7.4　両親の学歴 *(%)*

	母親	父親
高校卒業	6（11.3）	1（ 1.9）
短大・専門学校卒業	19（35.8）	5（ 9.4）
大学卒業	26（49.1）	41（77.4）
大学院卒業	2（ 3.8）	6（11.3）
計	53（100）	53（100）

　わが国の進学率（高校96.5%，短大・専門学校51.5%，大学47.3%，大学院12%）注3
からみて，本調査協力児の母親の半数以上が大学卒，父親9割近くが大学卒
以上であることは，両親とも学歴がやや高いことになる。

　両親の職業については，母親は，3歳時には74.2%は専業主婦で，フルタ
イムの有職者は9%，自宅での仕事が7.9%，パートタイムが9%であり，

注3：文部科学省「学校調査」（2005年度），進学率の推移より

76 Ⅱ部 実証研究

就業しているものは全計して25.9%であった。しかし，小学2年時の調査において，専業主婦である母親は56.6%に減少し，半数近くの母親がなんらかの仕事を持つようになっていた。また，父親は，管理職が24.5%と最も多く，専門職が18.9%，事務職が13.2%，自由業（医師，弁護士など）が11.3%などであった。なお，3歳時には100%就業していたが，無職が1名おり，その家庭では母親がフルタイムで働き父親が子育てをしていた。Table 7.5に見られるように，その職業は多岐にわたっていた。

本研究の調査協力者と同じ世代である35—44代のわが国の就業率をみると，生産工程・労務作業者が26.4%と最も多く，事務従事者が23.2%，専門的技術的職業従事者が18.4%と続き，管理職は1.8%であった注4。わが国の就業

Table 7.5　両親の職業（小学2年時）

職業	母親（%）	父親（%）
商店などの経営	3(5.7)	4(7.5)
会社などの経営	2(3.8)	4(7.5)
自由業A（音楽家，作家，芸術家など）	4(7.5)	2(3.8)
自由業B（医師，弁護士，裁判官，検察官，大学教員など）	0	6(11.3)
官公庁・企業の管理職（課長以上，校長・教頭など）	0	13(24.5)
官公庁・企業の一般・事務職	2(3.8)	7(13.2)
薬剤師などの専門職，医療保険サービス職，エンジニア	2(3.8)	10(18.9)
報道・出版	1(1.9)	1(1.9)
販売職（自営業を除く百貨店,小売店販売人,保険外交員など）	1(1.9)	2(3.8)
サービス職（理・美容師，調理人，給仕・接客の仕事など）	0	1(1.9)
その他	8(14.8)	2(3.8)
無職	30(56.6)	1(1.9)
計	53(100)	53(100)

注4：総務省統計局「労働力調査」（2005年），年齢，職業別就業者数年代別就業率より

率と比較してみると本調査協力者の管理職の割合が高いといえる。

　さらに，調査協力者の家庭の社会階層を知るために，「あなたのご家庭の現在の経済状態は日本全体のなかではどの程度か」と母親にたずね，家庭の経済状態について自己報告してもらった。その結果は，Table 7.6のように，「普通」と答えたものが37.7%，「まあ豊か」と答えたものが43.4%で，8割以上が平均又はそれ以上としていた。以上のように，本研究の調査協力児の家庭は，両親の学歴，父親の職業，経済状態などからみて，平均的から比較的裕福な層といえる。

Table 7.6　家庭の経済状態（小学2年時）

	非常に豊か	豊か	まあ豊か	普通	やや苦しい	苦しい	非常に苦しい
人数	1	2	23	20	7	0	0
%	1.9	3.8	44.2	37.7	13.2	0	0

7.2　調査の内容と時期

　本研究では，IMS縦断研究の中から，本研究の目的に合わせて次のように資料について分析する。

7.2.1　小学2年時の適応についての調査

子どものQOL

　IMS縦断研究の小学2年時の面接調査で，前述の「小学生版QOL尺度」を実施して，QOL得点によって子どもの適応状態を測定する。Table 7.7に本研究の目的変数となる子どものQOLの調査のねらいと調査内容を示す。

78　Ⅱ部　実証研究

Table 7.7　本研究における目的変数：2 年時の適応

変数名	時期	調査の形式	調査のねらいと調査内容
子どもの QOL	小学 2 年時	子どもへの 個別面接	小学生版 QOL 尺度：6 下位領域（身体的健康，精神的健康，自尊感情，家族，友だち，学校生活）によって，子どもの QOL を測定する。6 下位領域の各 4 項目ずつ24項目について 5 段階評定でたずね，6 領域ごとの得点の算出とその合計得点を QOL 総得点とする。原尺度にならって各得点を100に換算して用いる。

親の報告による子どもの QOL

　また，Table 7.8 のように，「親から見た子どもの QOL」によって，親から見た子どもの QOL を測定し，その結果と小学 2 年時における子どもの報告が一致するかどうかも検討する。

Table 7.8　親から見た子どもの 2 年時の適応

変数名	時期	調査の形式	調査のねらいと調査内容
親による QOL 得点	小学 2 年時	母親への 質問紙調査	親による子どもの QOL 尺度：小学生版 QOL 尺度と同じ 6 下位領域の各 4 項目ずつ24項目について「私の子どもは…」と尋ね，親から見た子どもの QOL を測定する。算出方法は子ども版と同様である。

小学 2 年時の適応状態の変数

　先行研究から，この時期の子どもの適応には，学校で適応していること，認知能力，社会性，母子交渉の質などの影響が予測された。そこで，Table 7.9 のように，子どもとの面接時に行った(1)学校適応（学校での様子を 5 項目たずね，そのプロトコルを得点化し，学校適応得点という変数とする）(2)認知能力（母子交渉の場面のパズル課題と共同読書課題から，課題達成能力，本読み能力，あらすじ理解能力，内示的意味の理解力を測定し変数とする）(3)母子交渉の質（共同

Table 7.9　小学 2 年時の適応を説明する変数

要因		変数名	時期	調査の形式	調査のねらいと調査内容
子どもの要因	学校適応	学校適応度得点	小学2年時	子どもへの対面調査	学校適応度：学校での適応の様子を知るために①勉強が好きか②好きな科目③嫌いな科目④好きな先生⑤学校での成績はどうかをたずねたプロトコルを得点化し，その合計得点を学校適応度得点とする
	認知能力	課題達成能力	小学2年時	母子交渉場面での子どもの課題	パズル課題（Puzzle Task）：子どもが課題に取り組み，課題を達成できる能力をみる。母子が協働して，42ピースのパズルを用いて，見本と同じ形を5分間で作る。パズルの達成した枚数を得点化する
		①本読み能力②あらすじ理解能力③内示的意味理解能力	小学2年時	母子交渉場面での子どもの課題	共同読書課題（Joint Reading Task）：母子交渉における共同読書課題から①子どもの本を読む力を本読み能力，②母の援助を使いながら本のあらすじを語らせて本のあらすじ理解能力，③本で明確には語られていない主題を理解できるかの内示的意味理解能力，の3つが測定される
	母子交渉	母子交渉の質	小学2年時	子どもと母親の共同作業	共同読書課題（Joint Reading Task）：母子の相互交渉の質をみるために，子どもと母親のやり取りをビデオ観察したものからプロトコルをおこし，相互交渉の質の7つの決められたコードがあるかないかを評定する
	人間関係	「Parent」「Friend」「Lone-wolf」	小学2年時	子どもへの対面調査	PART（Picture Affective Relationships Test；絵画愛情の関係テスト）（高橋, 1978-2000）：人間関係の内的枠組みをとらえるために，5つか6つの心理的機能がどのような対象によって充足されることを望んでいるか（母親，父親，友人，ひとりなど）から選択する

読書課題から相互交渉のコードの出現数を変数とする）(4)人間関係（PART；絵画版愛情の関係テストから，母親と父親の選択数を合わせて［Parent］，友だちの選択数を［Friend］，Lone-wolf 傾向の選択数を［Lone-wolf］という変数とする）を用いて，小学2年時の適応の様子をとらえる。

80   Ⅱ部　実証研究

7.2.2　適応を規定する要因の調査時期と内容

　先行研究では，特に，母親の要因が多く取り上げられてきたが，本研究では母親の要因だけでなく，父親の要因，さらに子どもには間接的ではあるが夫婦関係の要因も取り上げる。また，子ども自身の先行要因として認知能力，人間関係を取り上げる。

　3歳から1年時までのIMS縦断研究の資料を用いて，親の要因と子どもの要因がQOLをどのように規定しているか検討し，最後にこれらの結果から有意味とされた親の要因と子どもの要因が複合的に子どもの適応の質を規定しているか否かを検討する。

両親の要因

　Table 7.10のように，両親の要因としては，(1)子どもや子育てに対する感情を，4歳，6歳，小2時の両親へ質問紙調査で育児感情尺度（柏木・若松，1994）によって測定し，肯定的な感情を育児肯定感，制約的な感情を育児制約感という変数とする。(2)子どもへの愛情の強さと配偶者への愛情の強さを，6歳，小2時の両親へ質問紙調査で，ARS（Affective Relationships Scale；愛情の関係尺度；高橋，2002）によって測定し，子どもへの愛情の要求と配偶者への愛情の要求という変数とする。(3)夫婦関係の満足感を，5歳時の両親へ質問紙調査で，夫婦関係満足度尺度（Marital Satisfaction Scale; Roach, Frazier, & Bowden, 1981）の48項目のうち日本の夫婦に実施するのに適当と思われた30項目（日本語版：坂内，1996）によって測定し，母親と父親夫婦関係満足度という変数とする。

7章　研究の概要　　81

Table 7.10　適応を規定する要因としてとりあげた変数

		変数名	時期	調査の形式	調査のねらいと調査内容
母親父親の要因	対子ども	育児肯定感 育児制約感	4歳 6歳 小2	両親への 質問紙調査	育児感情尺度（柏木・若松，1994）：子どもや子育てに対する肯定的な感情6項目，制約的な感情6項目，分身的感情2項目からなる．本研究では育児肯定感と育児制約感を使う．
		子どもへの 愛情の要求	6歳 小2	両親への 質問紙調査	A ARS（Affective Relationships Scale；愛情の関係尺度）（高橋，2002）：Affective Relationships Model は，ソーシャル・ネットワーク理論のもと複数の重要な他者との愛情の関係の枠組みを測定する．質問表 ARS は，複数の主な対象ごとに6つの機能に分類される．本研究においては，子どもへの愛情の要求を扱う．
	夫婦間	配偶者への 愛情の要求	6歳 小2	両親への 質問紙調査	ARS（Affective Relationships Scale；愛情の関係尺度）（高橋，2002）：前記同様，質問表 ARS から，本研究においては，配偶者への愛情の要求を扱う．
		夫婦関係 満足度	5歳	両親への 質問紙調査	夫婦関係満足度（Marital Satisfaction Scale）（Roach, Frazier, & Borden, 1981；坂内，1996による日本語版）：夫婦関係の満足感をみるために，満足度48項目のうち，日本の夫婦に実施するのに適当と思われた日本語版30項目を，5段階評定する．

子どもの要因

　Table 7.11のように，子ども自身の持つ要因の変数として，(1)子どもの認知能力を3歳時と小1時の子ども面接調査で，PPVT（Peabody Picture Vocabulary Test；絵画語らい検査日本語版，永野，1974）とPVT（絵画語らい検査；上野・撫尾・飯長，1991）によって測定した得点を語彙理解能力の変数とする。5歳時の母子面接調査におけるパズル課題による課題達成度を測定し，小2時と同様に，課題達成能力の変数とする。(2)子どもの人間関係を測定するために，3歳〜小1時まで毎年子どもの面接調査で，PART（Picture Affective Relationships Test；絵画愛情の関係テスト；高橋，1978〜2000）によって得られた，母親を選択する数を「Mother」，父親を選択する数を「father」，友だちを選択する数を「Friend」，誰でもいいやひとりなどを選択した数をLone-wolf傾向として「Lone-wolf」の変数とする。本研究では，「Mother」と「father」の選択数をまとめて，「Parent」として扱う。

7章　研究の概要　83

Table 7.11　適応を規定する子どもの要因としてとりあげた変数

		変数名	時期	調査の形式	調査のねらいと調査内容
子どもの要因	認知能力	語彙理解能力	3歳	子どものテスト	PPVT（Peabody Picture Vocabulary Test, Dunn & Dunn；絵画語らい検査日本語版, 永野, 1974）：一般的認知発達の測定具として，幼児用の絵を用いた語彙理解力検査．米国では早くから標準化され，知能検査の変わりに使われている。
		課題達成能力	5歳	母子交渉場面での子どもの課題	パズル課題（Puzzle Task）：母子が協働して，42ピースのパズルを用いて，見本と同じ形を5分間で作る。パズルの達成した枚数を得点化する。
		語彙理解能力	小1	子どものテスト	PVT（Picture Vocabulary Test；絵画語らい検査：上野ら, 1991）：PPVTを小学生用に改変したもので，知能検査の変わりに使われている絵を用いた語彙理解力検査。
	人間関係	人間関係	3歳4歳5歳6歳小1	子どもへの個別面接	PART（Picture Affective Relationships Test；絵画愛情の関係テスト）（高橋, 1978-2000）：愛情の要求を充足しようとする人間関係を測定するもの，5つか6つの心理的機能がどのような対象によって充足されることを望んでいるか（母親，父親，友人，ひとりなど）によって人間関係の内的枠組みをとらえる。

8章　小学2年時の適応

　本章では，小学2年時の子どもとの対面調査によって「小学生版 QOL 尺度」を実施した。その得点を，全国の標準得点を参考にして，QOL の程度によって高／中／低の3群に分ける。次に，この3群が，小学2年時の学校での適応度，認知能力，母子交渉の質，人間関係などについて，子どもの適応の質の差異を反映しているかを検討する。

8.1 「小学生版 QOL 尺度」による QOL の検討

8.1.1 目的

　本研究の調査協力児の QOL 得点が，全国の標準得点から見るとどのような位置にいるのかを検討することが目的である。後の小学2年時の学校や家庭での適応状態や適応の先行要因の分析に用いる QOL 3群を特定するためである。

8.1.2 方法

調査協力児の QOL 得点

　小学2年時の子どもとの面接において，「小学生版 QOL 尺度」24項目の「私は病気だと感じた」，「私は何もないのに怖かった」，「私はいろいろなことができるような気がした」などについて，Table 4.5（4章, p.35）の5段階評定表のカードを提示しながら，以下のように教示し，練習問題から始める。

　「この1週間ぐらいのことを思い出して，自分に1番あてはまる答えを選

んでください。いつも思っていた・たいてい思っていた・ときどき思っていた・ほとんど思っていない・ぜんぜん思っていない・のうちどれだと思いますか」

6下位領域（身体的健康，精神的健康，自尊感情，家族，友だち，学校生活）の各4項目ずつ合計24項目の合計得点をもってQOL総得点とし，それぞれの得点を原尺度のように0－100の値に変換する。

全国標準値のなかの小学2年生のQOL得点

本研究では，全国の小学生（2年～6年生，3702名）の標準値としたQOL総得点と6下位領域の平均得点のうちの2年生のみ755名（以下，全国2年生と称する）を取り出し，本研究の調査協力児との比較をする。

8.1.3 結果と考察

研究1で検討した全国2年生（755名）とIMS調査協力児2年生（53名）の平均得点を t 検定によって比較をした。その結果は，Figure 8.1にみられる

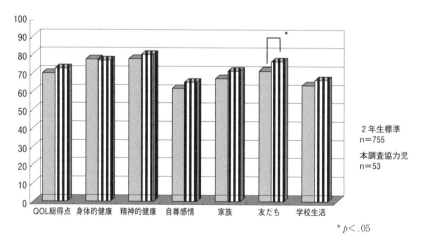

Figure 8.1　2年生標準得点と本調査協力児のQOL総得点と6下位領域得点

$*p<.05$

86　Ⅱ部　実証研究

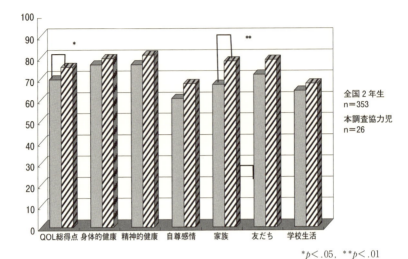

Figure 8.2　女児：全国2年生と本調査協力児のQOL総得点と6下位領域得点

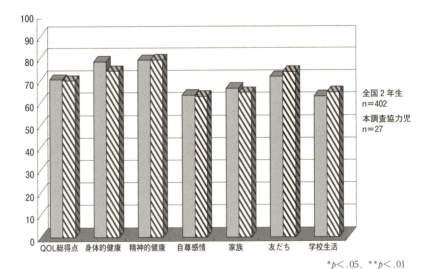

$*p<.05,\ **p<.01$

Figure 8.3　男児：全国2年生と本調査協力児のQOL総得点と6下位領域得点

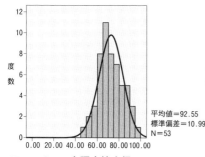

Figure 8.4 本調査協力児の QOL 総得点の分布

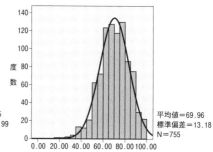

Figure 8.5 全国2年生標準 QOL 総得点の分布

ように，QOL 総得点では有意な差はみられず，6下位領域の友だち得点では本調査協力児の方が全国2年生の平均得点より有意に高かった（$t(67.6) = 2.55, p<.05$）。

さらに，女児と男児を別々に，全国2年生と本調査協力児とを t 検定によって比較したところ，女児では，Figure 8.2 にみられるように，QOL 総得点（$t(451) = 2.07, p<.05$）と家族得点（$t(466) = 2.76, p<.01$）において，本調査協力児のほうが全国2年生の得点より有意に高かった。

男児においては，Figure 8.3 のように，QOL 総得点ならびに6下位領域においても有意な差は見られなかった。

次に，QOL 総得点の度数分布を見ると，Figure 8.4 のように本調査協力児の得点は 72.52（$SD=11.09$），レンジは 48.96〜98.96 であり，Figure 8.5 が示すように全国2年生の得点は 69.96（$SD=13.18$），レンジは 18.7〜100.00 であった。本調査協力児の得点のレンジのほうが全国2年生のレンジより狭くなっていた。

8.1.4 討論

QOL 総得点と6下位領域得点において，本調査協力児と全国2年生の平均得点を比較した結果で有意な差がみられたのは，友だち得点で，本調査協

88　II部　実証研究

力児の得点の方が高かった。男女児別に見ると，女児の QOL 総得点と家族
得点において本調査協力児のほうが全国 2 年生の平均得点よりも高かった。
男児の得点には，有意な差は見られなかった。また，本調査協力児の QOL
総得点の分布は，全国 2 年生の分布よりもレンジが狭いことから比較的まと
まった得点集団と考えられた。これは，7 章でみた調査協力児の家庭が平均
から比較的裕福な層であることによるのかもしれない。

　しかし，本調査協力児のなかにも，全国 2 年生における QOL 総得点の下
位25％に入る児童が 7 名，6 下位領域の平均値の下位約10％に入る児童が自
尊感情得点では 2 名，家族得点で 4 名いるなど，全国平均からみて低得点と
いえる子どももいることが分かった。

8.2　「小学生版 QOL 尺度」による分析のための QOL 3 群

8.2.1　目的

　本研究では，小学 2 年生の適応を小学生版 QOL 尺度の QOL 総得点と 6
下位領域得点によってみていく。そこで，同じ小学生版 QOL 尺度を使って
全国調査をした結果の中から全国 2 年生の得点を参考に，本調査協力児の
QOL の高低を検討する。

　以下の手順によって，適応の高い群〈QOL-High 群〉，適応の低い群〈QOL-
Low 群〉中間にある群〈QOL-Middle 群〉の 3 群に分けることにする。以後，
QOL-High 群を QOL-H 群，QOL-Middle 群を QOL-M 群，QOL-Low 群を
QOL-L 群と呼ぶことにする。

8.2.2　QOL 3 群の分類の基準

① 　QOL-H 群：全国 2 年生の標準得点である QOL 総得点の上位25％（79.17
　　点以上）に入る子どもである。本調査対象児をこの基準に分類すると，

QOL-H 群は女児12名と男児4名の計16名がここに分けられた。

② QOL-L 群：全国2年生の標準 QOL 総得点の下位25%（61.46点以下）に入る子どもである。本調査対象児をこの基準に分類すると，QOL-L 群は女児2名と男児5名，計7名がここに分けられた。さらに，6下位領域得点において全国2年生の平均得点の下位約10%（身体的健康43.75，精神的健康43.75，自尊感情31.25，家族37.5，友だち43.75，学校生活37.5以下）に入る子どもを QOL-L 群とみなした。本調査対象児をこの基準に分類すると，該当者は自尊感情得点で男児2名，家族得点で女児1名と男児3名の計6名であった。この6名を追加して，本調査対象児の QOL-L 群は，女児3名と男児10名の計13名となった。

③ QOL-M 群：全国2年生の標準 QOL 総得点の中央値±25%未満（61.47～79.16点）に入る残りの子どもである。したがって本調査対象児の QOL-M 群は，女児11名と男児13名の計24名がここに分けられた。

8.2.3　結果と考察

本調査対象児を，全国2年生の標準得点を上記の分類基準にしたがって，QOL 3群に分けたところ，Table 8.1 に示すような3群が特定された。QOL-H 群は16名，QOL-M 群は24名，QOL-L 群は13名となった。

また，この3群における男女児の割合は，QOL-H 群では女児12名で男児4名より多く，QOL-L 群は男児10名の方が女児3名より多かった（$\chi^2(2) = 6.57$, $p < .05$）。Table 8.2 に，QOL-H 群，QOL-M 群，QOL-L 群の各平均得点と標準偏差を記した。

QOL 総得点によって分類された本調査協力児の QOL 3群における6下位領域の平均得点のレーダー図を Figure 8.6 に示した。

6下位領域の平均得点における QOL 3群間の差について一要因の分散分析を行ったところ，6下位領域すべてに3群の主効果が有意であった。そこで，それぞれの得点について Turkey による多重比較を行った。身体的健康

Table 8.1 QOL 総得点による本調査対象児の QOL 3 群の男女の人数と割合 (%)

	QOL-H 群 n=16	QOL-M 群 n=24	QOL-L 群 n=13
女児（n=26）	12(75.0)	11(45.8)	3(21.1)
男児（n=27）	4(25.0)	13(54.2)	10(76.9)
計（n=53）	16(100)	24(100)	13(100)

Table 8.2 本調査対象児の QOL 3 群の QOL 総得点の平均値と標準偏差

	平均値	標準偏差	最小値	最大値
QOL-L 群　n=13	61.22	7.50	48.96	71.88
QOL-M 群　n=24	69.75	5.20	62.50	78.13
QOL-H 群　n=16	85.87	5.20	79.17	98.96

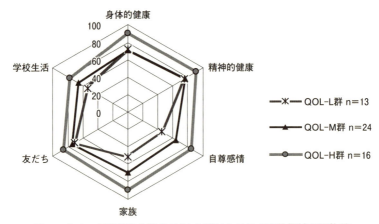

Figure 8.6 本調査協力児の QOL 3 群における 6 下位領域の平均値

得点では，QOL-H 群は QOL-M 群，QOL-L 群より有意に高かった（$F(2.50)=11.7, p<.01$）。精神的健康得点では，QOL-H 群は QOL-M 群，QOL-L 群より有意に高かった（$F(2.50)=9.09, p<.01$）。自尊感情得点では，3 群間全て有意な差がみられ，QOL-H 群は QOL-M 群よりも QOL-L 群よりも高く，QOL-M 群は QOL-H 群よりは低く，QOL-L 群よりは高く，QOL-L 群は

QOL-M 群よりも QOL-H 群よりも有意に低かった（$F_{(2.50)} = 16.54$, $p < .01$）。家族得点でも，3 群間全て有意な差がみられた（$F_{(2.50)} = 16.37$, $p < .01$）。友だち得点では，QOL-H 群は QOL-L 群，QOL-M 群より有意に高かった（$F_{(2.50)} = 8.06$, $p < .01$）。学校生活得点では，QOL-H 群は QOL-L 群よりも高く，QOL-M 群よりも高かった（$F_{(2.50)} = 10.55$, $p < .01$）。

　つまり，身体的健康得点では QOL-H 群＞QOL-M 群，QOL-L 群，精神的健康得点では QOL-H 群＞QOL-M 群，QOL-L 群，自尊感情得点では QOL-H 群＞QOL-M 群＞QOL-L 群，家族得点では QOL-H 群＞QOL-M 群＞QOL-L 群，友だち得点では QOL-H 群＞QOL-L 群，QOL-M 群，学校生活得点では QOL-H 群，QOL-M 群＞QOL-M 群となった。Figure 8.6 のレーダーチャートで示す。

8.3　QOL 3 群と小学 2 年時の学校での適応

8.3.1　目的

　小学生の社会生活の場であり，1 日の生活時間の多くを占めている学校生活において，本調査協力児の学校での適応はどのようなものであろうか。調査協力児を特定した QOL 3 群の特徴は，学校での適応の質の差異を的確に反映しているかを検討する。

　仮説は以下のとおりである。

仮説 1．小学 2 年時の学校での適応度における QOL 3 群の差異についてみたとき，QOL-H 群の子どもは学校での適応度が高く，QOL-M 群や QOL-L 群よりもよりよく適応しているだろう。一方，QOL-L 群は学校での適応度が他群よりも低く，QOL-M 群はその中間にあるだろう。

92   II部　実証研究

8.3.2　方法

　小学2年生の面接調査時に，学校の勉強，好きな科目や好きな先生など以下の5項目についてたずね，学校での適応を測定した。これは，先行研究でも学習課題，先生との関係，友だち関係などが学校で重要とされており，友だち関係は別の尺度で測定しているので以下の5項目を尋ねる。

(1)学校の勉強は好きですか。——「とても好き」から「大きらい」までの5段階評価で回答を求める。

(2)あなたの好きな科目は何ですか。その理由は何ですか。

(3)あなたのきらいな科目は何ですか。その理由は何ですか。

(4)あなたの成績はクラスの友達と比べてできるほうですか。——「とてもよくできる」から「できない」までの5段階評価で回答を求める。

(5)あなたの一番好きな先生は誰ですか。——先生の名前と関係をあげてもらう。

　「学校適応得点」：以上の面接での発話をすべておこしプロトコルを作成し，それをもとに次のよう得点化することによって「学校適応得点」を算出した。(1)と(4)は1～5の5段階評価，(2)は好きな科目名を上げ，その理由を述べられた子どもに1点，(3)は嫌いな科目は何もないと答えた子どもに1点，(5)は好きな先生を上げその関係も答えている子どもに1点を与え，(1)から(5)までの得点数を合計し，学校適応度得点とする。レンジは2～13となる。

8.3.3　結果と考察

8.3.3.1　項目ごとの検討

　初めに，項目ごとに検討する。

　学校の勉強が好きかどうか5段階で尋ねたところ，Table 8.3のように，半数以上が「好き」，「とても好き」と答え，「まあまあ好き」も含めると9割以上になった。QOL-H群の87.5%が「とても好き」「好き」と答え，

8章 小学2年時の適応 93

Table 8.3 「学校の勉強が好き」と3群

(%)

	とても好き	好き	まあまあ好き	きらい	だいきらい
QOL-H群　n=16	12(75)	2(12.5)	2(12.5)	0(0)	0
QOL-M群　n=24	6(25)	8(33.3)	10(41.7)	0(0)	0
QOL-L群　n=13	1(7.7)	1(7.7)	9(69.2)	2(15.4)	0
計　n=53	19	11	21	2	0

$x^2(6) = 22.96, \ p < .05$

QOL-L群の84.6%が「きらい」「まあまあ好き」だった。

　次ぎに，「クラスでの成績」では，Table 8.4のように，QOL-M群の66.7%が自分は勉強が「とてもよくできる」「よくできる」と答えていたが，QOL-H群では半数で残りの半数は「ふつう」と答えていた。QOL-L群は，半数以上が「ふつう」と答えていた。

　また，「好きな科目」では，Table 8.5のように，図工が最も多くあげられ，次に体育だっ。QOL-H群の子どもも算数や国語より，図工や体育をあげていた。好きな科目が何もないと答えた児童が1名だけいたが，残りは好きな科目あげてその理由も述べていた。「きらいな科目」は，Table 8.6のように，国語をあげる子どもがQOL3群のいずれも多かった。きらいな科目はないと答えている割合は全体では36%いたが，そのうちの半数以上はQOL-H群の子ども（68.8%）であった。

　「好きな先生」では，Table 8.7のように，QOL-H群では，7割近い子どもが担任の先生を上げ，残りは他の科目の先生や校長先生をあげていた。QOL-M群では，6割以上の子どもが担任の先生をあげ，好きな先生はいないと答える子どももいた。QOL-L群では，半数の子どもは担任の先生をあげていたが他の学科の先生，学校以外での先生をあげる子ども，また好きな先生はいないと答える子どももいた。

94   II部　実証研究

Table 8.4　QOL 3 群と「クラスでの成績」

(%)

	とてもよくできる	よくできる	ふつう	あまりできない	できない	N. A.
QOL-H群	3(18.8)	5(31.3)	8(50)	0(0)	0(0)	0(0)
QOL-M群	4(16.7)	12(50)	5(20.8)	2(8.3)	1(4.2)	0(0)
QOL-L群	1(7.7)	3(23.1)	8(61.5)	0(0)	0(0)	1(7.7)
計 n = 53	8	20	21	2	1	1

Table 8.5　QOL 3 群と「好きな科目」

(%)

	国語	算数	音楽	図工	体育	その他	ない
QOL-H群	1(6.3)	1(6.3)	3(18.8)	7(43.8)	4(25)	0(0)	0(0)
QOL-M群	4(16.7)	4(16.7)	0(0)	6(25)	6(25)	4(16.7)	0(0)
QOL-L群	2(15.4)	2(15.4)	0(0)	3(23.1)	2(15.4)	3(23.1)	1(7.7)
計 n = 53	7	7	3	16	12	7	1

Table 8.6　QOL 3 群と「きらいな科目」

(%)

	国語	算数	音楽	図工	体育	その他	ない
QOL-H群	3(18.8)	0(0)	0(0)	0(0)	1(6.3)	1(6.3)	11(68.8)
QOL-M群	7(29.2)	5(20.8)	1(4.2)	2(8.3)	1(4.2)	1(4.2)	7(29.2)
QOL-L群	3(23.1)	4(30.8)	1(7.7)	1(7.7)	1(7.7)	2(15.4)	1(7.7)
計 n = 53	13	9	2	3	3	4	19

$x^2(12) = 22.75, \ p < .05$

Table 8.7　QOL 3 群と「好きな先生」

(%)

		担任の先生	他の学科の先生	学校以外の先生	いない
QOL-H群	n = 15	10(66.7)	5(33.3)	0(0.0)	0(0.0)
QOL-M群	n = 24	15(62.5)	7(29.2)	0(0.0)	2(8.3)
QOL-L群	n = 13	7(53.8)	3(23.1)	1(7.7)	2(15.4)
計 n = 52		32	15	1	4

8.3.3.2 QOL 3 群と学校適応度得点

子どもの報告から，学校での勉強が好きで，クラスでの成績も普通か普通よりよい方と思い，具体的な理由をあげながら好きな科目あげることができ，きらいな科目はなく，好きな先生を具体的な関係や理由をあげながら答えている児童の QOL 得点が高いことがわかった。そこで，これらの項目を得点化しその合計を学校適応得点として，QOL との関連性を検討した。

この学校適応度得点と QOL 総得点と 6 下位領域得点との関連を検討した。その結果，Table 8.8 のように，QOL 総得点との Pearson の相関係数は $r = .66$，下位領域の自尊感情得点とは $r = .58$，学校生活得点とは $r = .54$ と比較的強い相関がみられ（$p < .01$），精神的健康得点とは $r = .41$，家族得点とは $r = .40$ の中程度の相関がみられ（$p < .01$），身体的健康得点とは $r = .31$ の低い相関がみられた（$p < .05$）。

そこで，学校適応度得点における QOL-H 群，QOL-M 群，QOL-L 群の 3 群の差を検討するために，一要因の分散分析を行った。その結果，群の効果は 1 ％水準で有意であった（$F(2.50) = 13.22$，$p < .01$）。Turkey の HSD 法による多重比較をすると，QOL-H 群の平均は QOL-M 群よりも QOL-L 群よりも有意に高かった。Figure 8.7 にみられるように，QOL-M 群は QOL-L 群より高く，QOL-H 群より低かった。QOL-L 群は他の 2 群より低かった。

したがって，仮説の QOL-H 群の子どもは学校での適応度がもっとも高く，他の 2 群よりもよりよい適応をしており，また，QOL-L 群は学校での適応度が最も低く，QOL-M 群はその中間にあるという仮説は支持された。

Table 8.8　学校適応度得点と QOL 総得点ならびに 6 下位領域得点との相関係数

	QOL 総得点	身体的 健康	精神的 健康	自尊感情	家族	友だち	学校生活
相関係数	.66**	.31*	.41**	.58**	.40**	.27	.54**

$**p < .01, *p < .05$

96　Ⅱ部　実証研究

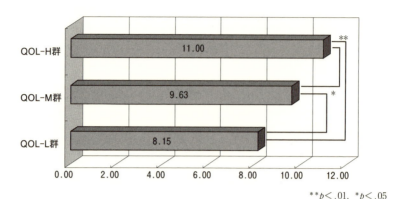

$**p<.01,\ *p<.05$

Figure 8.7　QOL 3 群の学校適応度得点

8.3.4　討論

　本研究の調査協力児に実施した QOL 尺度による QOL 3 群が，実際の小学 2 年時の学校での適応度の差異を示しているかを検討したところ，QOL 3 群は明らかに学校適応度得点の差異を示していた。子どもの QOL 尺度を施行した面接調査と同時に，学校での様子も尋ね学校適応度得点は，QOL 3 群の差を明らかにし，尺度の妥当性の点からも期待される結果であった。「小学生版 QOL 尺度」が小学 2 年時の適応を的確にとらえているとされたので，この QOL 3 群によって，さらに，子どもの適応の質を検討していくことにした。

　また，学校適応度得点と 6 下位領域の自尊感情得点，学校生活得点の関連性が大きかった。学校適応度得点と QOL 下位領域の学校生活得点とは，同じようなことを測定している可能性があるので，特記すべきことではないが，学校適応度得点と自尊感情得点との関連が高いことは今後の課題を含む重要な点と考えられる。

8章 小学2年時の適応 97

8.4 子どもが報告した QOL と母親の報告による子どもの QOL

8.4.1 目的

　親は子どもの適応をどのように認識しているかについて、親から見た子どもの QOL を6章で検討した「親による子どもの QOL 尺度」を使って測定し、子ども自身の報告との関連性を以下の仮説に従って比較検討する。

仮説2．6章の研究結果において母親からみた子どもの QOL 得点と子どもが報告した QOL 得点との相関は高くはなく、また、他の先行研究でも母子の認識のずれが指摘されている（根本他，2005）。そこで、本調査協力児が報告する QOL 得点と母親からみた QOL 得点とは一致せず、特にQOL-L 群の母子では、母親からみた子どもの QOL と子どもの報告による認識のずれは大きいだろう。

8.4.2 方法

　母子の面接調査後、「親による子どもの QOL 尺度」24項目の質問紙を手渡し、郵送で返却するように依頼した。母親の質問紙の回収ができた母子の組数は、QOL-H 群16組中9組、QOL-M 群24組中16組、QOL-L 群13組中8組となり、回収率は QOL-H 群56.3%、QOL-M 群66.7%、QOL-L 群61.5%であった。

　調査内容：「親による子どもの QOL 尺度」：Ravens & Bullinger（1998-2000）の Kid-KINDL[R] の Parent Version で、小学生版 QOL 尺度と同じ6下位領域（身体的健康，精神的健康，自尊感情，家族，友だち，学校生活）の各4項目ずつ24項目について「私の子どもは…」と尋ね、5段階評定する。原尺度と同様に0～100に換算して使う。

親の報告と子ども自身の報告とのずれの分析には，子どものQOL得点から「親による子どものQOL尺度」の得点を引いて差をみることにした．

8.4.3 結果と考察

母親からみた子どものQOL得点の平均値をFigure 8.8に示した．親からみた子どものQOL得点では，QOL総得点ならびに6下位領域得点のいずれにも3群間に有意な差は見られなかった．つまり，QOL総得点において，QOL-L群の母親が報告する得点は高く，QOL-H群の母親の報告する得点とほとんど同じであった．QOL-L群の母親は，6下位領域の得点においても子ども自身の報告する評価より高かった．

子どもの報告したQOL得点から親からみた子どものQOL得点を引いて，子どもの得点の方が親の得点より高いか，同じか（[子≧親]），子どもの得点より親の得点の方が高いか（[子＜親]）として，子どもの報告と親からみた子どものQOL得点の差について検討した．

その結果，QOL-H群では，Figure 8.9にみるように，学校生活得点では親からみた得点の方が子どもの報告した得点より高かったが，QOL総得点

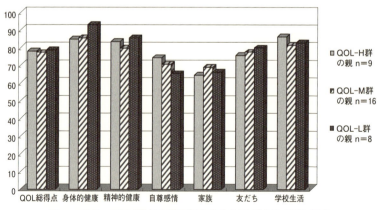

Figure 8.8　QOL得点3群の親からみた子どものQOL得点

8章 小学2年時の適応 99

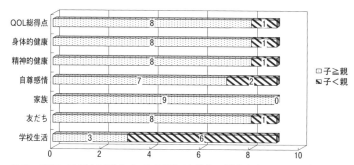

Figure 8.9 QOL-H群(9組)における親と子どもの報告したQOL得点との差の分布

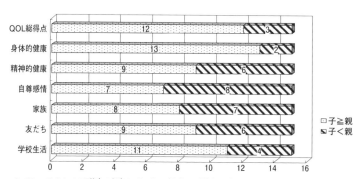

Figure 8.10 QOL-M群(16組)における親と子どもの報告したQOL得点との差の分布

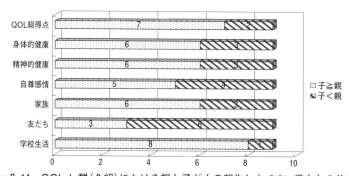

Figure 8.11 QOL-L群(8組)における親と子どもの報告したQOL得点との差の分布

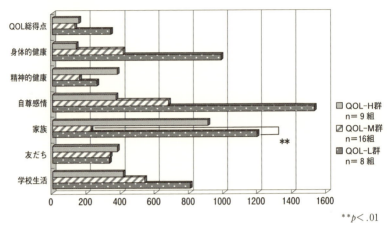

Figure 8.12 QOL 3 群における子どもが報告した得点と親からみた QOL 得点のずれの大きさ

とそれ以外の下位領域の得点においてほとんどの子どもが親からみた得点と同じかより高い得点をつけていた。特に，家族得点においては，全員の子どもが親からみた得点より子どもの報告した得点の方が高かった。

また，QOL-M 群では，Figure 8.10のように，QOL 総得点と自尊感情得点以外の下位領域の全ての得点において子どもの QOL 得点の方が親からみた得点より高い児童が多かった。しかし，その割合は QOL-H 群ほどではなく，自尊感情得点や家族得点では子どもの報告が親からみた得点より高い児童と低い児童の割合はほぼ同じであった。それに対して，QOL-L 群では，Figure 8.11のように子どもの報告する得点より親からみた得点の高い児童が増え，下位領域の自尊感情得点ではほぼ同数，友だち領域得点では親からみた得点の方が高く，学校生活得点では子どもが報告する得点の方が高い児童が多かった。

そこでさらに，Figure 8.12のように，QOL 3 群の母子の認識のずれをみた。子どもの QOL 得点から親からみた QOL 得点を引いたものを二乗してずれの値として算出し，このずれの大きさについて3群間の差として検討す

8章　小学2年時の適応　101

るために，一要因の分散分析を行った。その結果，相対的な差はみられたが，群の主効果がみられたのは，下位領域の家族得点であった。Turkey法よる多重比較を行ったところ，家族得点において QOL-L 群のずれの値は QOL-M 群の値より有意に大きく（$F_{(2,30)} = 5.28, p < .01$），QOL-L 群の母親と子どもの報告のずれは大きかった。

　本調査協力児とその母親からみた QOL は一致しているとはいえず，QOL-L 群の母子では母親からみた子どもの QOL と子どもの報告による認識のずれは大きいとした仮説2の一部は支持されたといえる。

8.4.4　討論

　親からみた子どもの QOL 得点においては，QOL 3群は子どもが報告する QOL 得点ほどの差はみられなかった。そこで，QOL 3群における母親の報告する QOL 得点と子どもの報告する得点との差をみると，QOL 3群の特徴が見られた。つまり，QOL-H 群では母親からみる子どもの QOL 得点より子ども自身の報告の方が高い得点を報告していた。逆に，QOL-L 群の母親は子ども自身の報告より子どもの QOL を高く評価していた。

　さらに，親が認識している子どもの QOL と子ども自身が報告する QOL のずれをみると，有意であったのは下位領域の家族得点のみであった。QOL-L 群では，家族得点において，子どもが低く評価しているにもかかわらず，母親は高い評価をしていたが，これは親が子どもにそうあってほしいという気持ちから得点をつけるのか，内面をみておらず気づきが少ないのかなどが考えられる。他の先行研究では，精神面の問題を抱えている子どもの母親が，子どもの問題をどのくらい認識しているか検討したところ，QOL低得点群の子どもの母親の方が対照群の子どもの母親より親子の認識の差が大きいことが指摘され，つまり母親からみた子どもの QOL と子どもの報告する QOL の認識の差異は，QOL の低得点群に大きく，先行研究では自尊感情得点においてそのずれが大きかったと報告している（根本ら，2005；柴田

102   II部　実証研究

2013b）。

8.5　QOL 3 群の小学 2 年時の認知能力と母子交渉

8.5.1　目的

　小学 2 年時の子どもの適応には，学校での適応が重要であった。先行研究から子どもの適応を規定する子ども自身の要因には，特に子どもの認知能力や社会性などがあげられていた。ここでは，子どもの諸側面からの認知能力と母子交渉の質において QOL 3 群の差異がみられるかを検討する。小学 2 年時の母子に，a. パズル課題（Puzzle Task）と b. 共同読書課題（Joint-Reading Task）をやってもらって，子どもの認知能力（課題達成能力，本読み能力，あらすじ理解力，内示的意味理解力）と共同読書課題の母子のやり取りの観察から母子相互交渉の質を測定する。これら認知能力と母子交渉の質における QOL 3 群の差異を以下の仮説にしたがって検討する。

仮説 3．小学 2 年時の母子交渉場面によって得られた 4 つの認知能力と母子
　　交渉の質における QOL 3 群の差異についてみたとき，QOL-H 群の認知
　　能力は他の 2 群より高く，さらに，母子交渉の質もよいだろう。一方，
　　QOL-L 群の認知能力は低く，母子交渉の質も悪く，QOL-M 群の認知能
　　力と母子交渉の質は QOL-H 群と QOL-L 群の中間にあるだろう。

8.5.2　方法

[調査時期と調査協力者]
　子どもが小学 2 年時，53組の母子

[調査内容]

a. パズル課題 (Puzzle Task)

測定1：42ピースからなるパズルを用いて，見本と同じ形を作ってもらい，その達成度によって，子どもの課題達成能力を測定する。

使用した道具：

　Figure 8.13 に示される花の見本の形，

　パズルの小片42枚とボード，

　ストップウォッチ，VTR

手続き：

　実験室において，Figure 8.13 をみせながら，母親に以下の教示を与え，子どもが中心になってパズルを完成してもらう。

　VTRで，その観察記録を撮る。

Figure 8.13　パズル課題の見本
(㈱ボーネルランド ピキーマグネット・モザイクより)

教示1：母親に，

「これからこの見本のような形をお子さんと一緒に作っていただきます。制限時間は5分です。できるだけお子さんが自分でするようにはげましてください。ただし，2年生には難しい課題ですので，お母様が必要と思われる時，あるいは，お子さんが手伝ってほしいようでしたら，手伝ってください。では，はじめます。お母様から，やり方を説明して始めてください。」

実験終了後，VTRの記録から教示後5分経過した時点の静止画を印刷し，その静止画から見本に一致しておかれたパズルの枚数を数え，上記の測定1の分析をする。

b. 共同読書課題 (Joint-Reading Task)

1冊の本を材料として，この課題における母子交渉場面から，以下の4種の測定をする。測定3，測定4，測定5は，発話をプロトコルにおこしたも

104　Ⅱ部　実証研究

のからみる。

測定2：子どもの本読み能力

測定3：母子の協働作業によるあらすじ理解力

測定4：母子の協働作業による内示的意味理解力

測定5：母子の相互交渉の質

使用した道具：

　本『おおきな木』(THE GIVING TREE, Silverstein, 1964；本田錦一郎 訳，1964,
　篠崎書林)：この本は，Figure 8.14の表紙にみられる一本の大きなりんご
　の木と仲良くあそんでいた子どもの話しである。次第に大きくなっていく
　子どもを喜ばせようと，りんごの木は自分の肉体ともいえる木の葉，果実,
　枝，幹までも喜んで与えてしまう，「木はそれでうれしかった，けれどそ
　れは本当かな？」と読者に問いかけて話しは終わる。この本には，木が喜
　んで与えるという行為に意味されている木の子どもへの無償の愛や子ども
　が成長して手を離れていく一抹のさびしさなど内示的な意味を考えさせる
　主題を含んでいる。また，この年齢の子どもが1人で読むものとしてはや
　や困難と思われる文字数であったことなどからこの本を選択した。母子が
　共同でこの本を読み，どの程度内容の理解が深いかを調べることをねらい
　とした。

カード：本の内示的意味の理解力をみるために，絵本の1場面であるFig-
　ure 8.15に示すような「男が木の枝を全部切り払ってもっていく」場面の
　カード

　ストップウォッチ，VTR

手続き：

　実験室において，母親に以下の教示を与え，『おおきな木』の本を，親子
　に読んでもらい，VTRでその観察記録を撮る。

教示1：はじめに母親に，「これからお二人でこの本を読んでいただきます。

8章 小学2年時の適応　105

Figure 8.14　本『おおきな木』の表紙

Figure 8.15　「男が木の枝を全部切り払って持っていく」場面

（出典：シェル・シルヴァスタイン　さくえ，ほんだきんいちろう　やく　㈱篠崎書林）

　制限時間は7分です。時間になったら，お知らせします。お子さんが読んでも，お母様が読んであげても，どちらでもかまいません。お二人が好きなようにしてください。読み終わりましたら，あとで，これはどういう話だったかを，お母様からお子さんに聞いていただきますので，そのおつもりで，おふたりで読んでください。読み終わったら教えてください。では，お母様から課題を説明して，はじめてください。」

教示2：本を読み終わった後母親に，「では，はじめにどういうお話だったかを，お子さんに聞いてみてください。お母様が必要だと思われる時には，一緒に考えてくださってかまいません。」

教示3：Figure 8.15の場面カードを見せながら，母親に，「次に，この場面で，木がどのような気持ちだったかを，お子さんに聞いてみてください。お母様が必要だと思われる時には，一緒に考えてくださってかまいません。では，どうぞはじめてください。」

　実験終了後，VTRの観察記録から発話のすべてをおこし，プロトコルを作成し，上記の4種（測定2～測定4）の測定をするために分析する。

106   Ⅱ部   実証研究

8.5.3   分析のねらいと方法

測定1：子どもの課題達成能力

パズル課題から課題達成能力をみるために，教示後から5分経過した時点でのパズルを写真に取り，正しく置かれているパズルの枚数を数える。以下の基準によって，Table 8.9のように分類し，42枚全部のピースが正しく置かれ，パズル課題が100%完成したものをレベル5とし，5得点とした。同様に，レベル4からレベル1を4〜1の得点とし，この得点を，子どもの課題達成能力の得点とした。

Table 8.9   パズル課題の達成度のレベル

変数名	得点	達成度	枚数
レベル1	1	30%未満	12枚以下
レベル2	2	31〜50%	13〜21枚
レベル3	3	51〜80%	22〜33枚
レベル4	4	81〜99%	34〜41枚
レベル5	5	100%	42枚

測定2：子どもの本読み能力

母子の共同読書課題（Joint-Reading Task）で，教示1の後，『おおきな木』を読んでもらう時の子どもの本読み能力を以下の基準によって，分類し，Table 8.10のように，その読み方によって1〜6の得点を与える。

測定3：母子交渉場面での協働作業による子どものあらすじ理解力

教示2の後，「本のあらすじ（スクリプト）」について，母親の援助を使いながら，あるいは，母親の一方的なリードで，子どもがどの程度の理解に達

8章　小学2年時の適応　107

Table 8.10　本読み能力の読み方と得点

変数名	得点	読み方
読み方1	6	Cが黙読
読み方2	5	Cがすらすらと読む（2，3箇所の言い直しは可）
読み方3	4	Cがたどたどしく読む（文字の拾い読み，間違えが多い）
読み方4	3	MとCで読む：Cはすらすらと読む（1，2箇所の言い直しは可）
読み方5	2	MとCで読む：Cはたどたどしく読む（文字の拾い読み，間違えが多い）
読み方6	1	Mが読んで聞かせる

したかをみる。はじめに，Table 8.11のような8つの場面に分け，その場面が語られていると判断される要素を決めておく。以下のStepの順で行う。

Step 1 ：教示2の後の発話からおこしたプロトコルをもとに，発話を場面ごとにユニットに区切る。

Step 2 ：子どもが場面1〜8について発話しているかどうかをみて，要素を抽出する。

Step 3 ：場面ごとの発話内容を，次の表の基準に合わせて，3段階評定（2，1，0）をする。2は，2つの要素に言及している，1は，1つの要素に言及している，0は，言及はなし，ただし，各場面の発話の順番は問わない

測定4：母子の交渉場面での協働作業による子どもの内示的意味の理解力

　この本の主題（ただし，本では明確には語られてはいない内示的な意味）を「木の子どもへの無償の愛」と「成長していく子どもが手を離れていく一抹のさびしさ」ととらえた。教示3の「木の気持ちは？」との問いかけに対する子どもの答える発話の中で，木のアンビバレントな感情（喜びとさびしさ）を情動的な語句で表現し，その根拠（理由）を説明するかどうかで内示的意味を理解しているかを判別する。教示3の後の木の気持ちの発話をプロトコルに

108   II部　実証研究

Table 8.11　場面の内容と判断される要素

場面	場面の内容	判断される要素
場面1	おおきなりんごの木とちびっこ（子ども）の話であることがわかっている	木＋子ども （Mが言ってしまった時→0）
場面2	毎日のようにちびっこは木のところにやってきて，楽しく遊ぶ（子どもが遊んでいる様子があればよい）	子ども＋遊ぶ or 木の葉で冠 or 枝にぶら下がる or りんごを食べる or かくれんぼ or 木陰でお昼ね （遊ぶ様子が2つ以上あっても→2）
場面3	子どもは木が大好きで，木も大よろこび。子どもと木はとても仲良し	木は子どもが大好き＋子どもは木が大好き，仲良し （仲良しだけで→2）
場面4	子どもが大きくなると遊びに来なくなり，木はたいていひとりぼっち	その子が大人になる or 大きくなる or だんだん年をとる＋来なくなる or 木はさびしい
場面5	子どもが，お金がほしいと言うと，木はりんごを売ればお金ができるよという。子どもはりんごを全部もっていってしまったが，木はうれしかった。	お金がほしい＋りんごを売る or りんごをもっていってしまう
場面6	大人になったその子は家がほしい，（木は喜んで向かえ）枝を切って家を建てるようにいう。子ども（男）は枝をみんな持っていってしまったが，木はうれしかった。	家がほしい＋枝 or 枝を切る or 枝を持っていく
場面7	男が年を取ってやってくると，木はうれしかったが，男は船に乗ってここからはなれたいという。木は私の幹で船を作ればいいといい，男は船を作るため木の幹を切り倒していってしまった。	おじいさん or 遠くへ行きたい or 船（を作る）＋幹 or 木を全部もっていった or 切り株になった or 木を切り倒す
場面8	子どもにみんなあげてしまった木はうれしかったというがほんとうにうれしかったのかな？	みんなあげてしまった or 木は自分の体がなくなって＋最後はそれで本当に良かったのかな or 木の気持ちについて言及している

8章　小学2年時の適応　109

Table 8.12　母子の協働作業による内示的意味理解の6段階評定

説明の仕方	木の感情（情動的な語句：喜びとさびしさ）を指摘したか		
	喜び&さびしさ の指摘	喜びorさびしさ の指摘	課題を拒否 指摘なし（無関係）
情動的な語句を使う 2つの木の感情の根拠 （理由）の説明あり	5		
情動的な語句を使う 1つの木の感情の根拠 （理由）の説明あり	4	2	
木の気持ちの根拠 （理由）の説明がない	3	1	
D.K., N.A.			0

おこして，Table 8.12のような基準で分析し，知らないと答え，課題に取り組まない場合（D.K.）と何も答えず課題に取り組まない場合（N.A.）は0として，0～5の6段階で数値化した。

測定5：母子交渉場面での母子相互交渉の質

　教示2にしたがって，母子の場面ごとのプロトコルから，母子交渉の質を評定する。この母子交渉の質のコードは，東ら（1981）が日米比較研究で行った母子自由遊びを言語カテゴリーに基づいて設定された母子相互交渉変数のコードを参考にした。さらに，本調査時のビデオを何度も視聴し，発言だけでなく母子の行動も検討した。最も顕著に見られる母親の発言，行動，子どもの発言，行動，そのやり取りからコードを見直し，最終的にTable 8.13のように母親の発言や態度について4つ，子どもの態度や発言について2つ，母親と子どもの会話について1つの計7つのコードを決めた。その評定は，1つのユニットの中で，以下の7つのコードに該当するものが〈有る〉か〈無い〉かを（1，0）で判断した。

110　Ⅱ部　実証研究

Table 8.13　母子の相互交渉の質のコード

母子交渉の質のコード		母子交渉の質の内容
1	Collaborative talk	母親は，最小限の言葉（1つのフレーズ）で，子どもの答えを上手に引き出す，または補完しながら，話が展開していく
2	Acceptance talk	母親は，子どもが言っていることを受け入れる，あいづち（うん，そう，など）のみを入れながら，話しが展開していく
3	Controlling talk	母親が，子どもの答えを待たずに，先走って話を進めてしまい，子どもの話を引き出せない
4	Miss-matching talk	母親の言っていることと子どもの言っていることがかみ合わない，ちぐはぐな会話がされる
5	Let-alone	母親が，課題に前向きに取り組む姿勢が見られない
6	Withdrawal	子どもが，母親の言うことを聞かず，課題に取り組まない（答えない）
7	Reject	子どもは，母親の言うことを拒否する，または，無視する（知らない，わかんない，など）

8.5.4　結果と考察

8.5.4.1　子どもの課題達成能力

　母親の協力のもとに課題のパズルがどの程度達成できるのかをみるために，測定1にしたがって，子どもが制限時間の5分間以内に，見本通りの位置におくことのできたピースの枚数を数え，5段階のレベルに分類した。レベルを課題達成能力得点として，QOL 3群による一要因の分散分析を行ったところ，群の主効果は有意ではなかった。QOL-H群が3.69，QOL-M群が3.83，QOL-L群が3.62であった。そこで，レベルの人数の割合を，Figure 8.16に示してみると，レベル5の子どもたちはQOL-H群にも，QOL-M群にも，QOL-L群にもみられた。子どもの認知能力の1つである課題達成理能力に

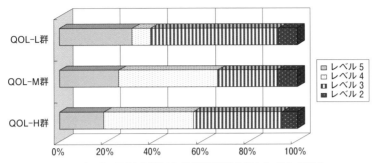

Figure 8.16 QOL 3 群における課題達成能力レベルの割合

は QOL 3 群の差異はみられず，認知能力の高い子どもの方が適応がよいという仮説 3 は支持されなかった。

8.5.4.2 子どもの本読み能力

どんな読み方をしてもよいとの教示 1 に対して，測定 2 にしたがって，その読み方を 1～6 に分類し，得点化した。この本読み能力得点の QOL 3 群間における差をみるために，一要因の分散分析を行ったところ，3 群の主効果は有意ではなかった。性別による差は，女児の方が男児より高い得点であった（$t(51) = 2.07, p < .05$）。

そこで，QOL 3 群において読み方による人数の割合をみると，Table 8.14 のように，QOL-H 群の子どもは，黙読と 1 人ですらすら読む子どもが多い（25%）が，母親に読んでもらう子どもが最も多かった（37.5%）。また，黙読した子どもは，全体の 28.3% おり，その子どもたちは内容を大体把握していた。子どもが 1 人ですらすら読むのは男児より女児の方が多く，母親が読んで聞かせるのは男児の方が多かった。

子どもの認知能力の 1 つである本読み能力においては，QOL 3 群の差異はみられず，認知能力の高い子どもの方が適応がよいという仮説 3 は支持されなかった。

112　Ⅱ部　実証研究

Table 8.14　QOL 3 群における子どもの本読み能力の人数と割合

(%)

変数名	得点	QOL-H 群 n = 16	QOL-M 群 n = 24	QOL-L 群 n = 13	全員 n = 53
読み方1：子どもが黙読する	6	4 (25)	9 (37.5)	2 (15.4)	15 (28.3)
読み方2：子どもがすらすらと読む	5	5 (31.3)	2 (8.3)	1 (7.7)	8 (15.1)
読み方3：子どもがたどたどしく読む	4	0	2 (8.3)	2 (15.4)	4 (7.5)
読み方4：母親と子ども子すらすら読む	3	1 (6.2)	4 (16.7)	4 (30.8)	9 (17)
読み方5：母親と子ども子たどたどしく読む	2	0	3 (12.5)	2 (15.4)	5 (9.8)
読み方6：母親が読んで聞かせる	1	6 (37.5)	4 (16.7)	2 (15.4)	12 (22.6)

　子どもの本読み能力において，QOL-H 群に母親が読んで聞かせる場合が多く，この読み方を1としたことで，QOL 3 群に差がみられなかったのかもしれない。また，母親が読んで聞かせたのは12人いるが，その内の9人が男児，3人が女児であった。

8.5.4.3　子どもの本のあらすじ理解力

　母子交渉場面において，子どもが本のあらすじをどのくらい理解しているかを，測定3の手続きで場面1〜場面8の要素の数を合計し，得点化とした。二人の評定者による各場面の得点の一致率（κ係数）は，場面1で$\kappa = 1$，場面2で$\kappa = .88$，場面3で$\kappa = 1$，場面4で$\kappa = .94$，場面5で$\kappa = 1$，場面6で$\kappa = 1$，場面7で$\kappa = .94$，場面8で$\kappa = .63$で，その合計のあらすじ得点では，$\kappa = .79$となり，かなり高い一致率が得られた。

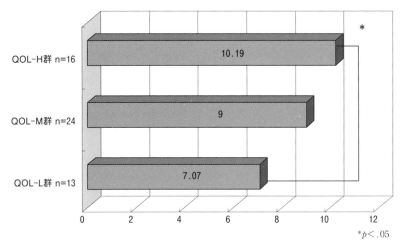

Figure 8.17　QOL 3 群におけるあらすじ理解力

　QOL 3 群による得点差をみるために一要因の分散分析を行ったところ，群の主効果は有意ではなかった。そこで，QOL-H 群と QOL-L 群の 2 群間の差を t 検定でみると，Figure 8.17 のように QOL-H 群と QOL-L 群に有意な差が見られ（$t(27)=2.20, p<.05$），QOL-H 群の子どもは QOL-L 群の子どもより多くのスクリプトを語っていた。なお，QOL-H 群の得点のレンジは 6 〜 15，QOL-M 群の得点のレンジは 2 〜 15，QOL-L 群の得点のレンジは 1 〜 14 であり，QOL-H 群のレンジは他群より小さかった。また，男女別得点差を見ると，女児の方が男児よりもより多くのスクリプトを語っていた（$t(52)=2.85, p<.05$）。子どもの認知能力の 1 つである本のあらすじ理解力においては，QOL-H 群は QOL-L 群よりも高く，適応のよい子どもの方が認知能力は高いという仮説 3 は一部支持された。

8.5.4.4　子どもの本の内示的意味の理解力

　母子交渉場面において，子どもが本の内示的な意味をどのくらい理解しているかを測定 4 の手続きで，そのプロトコルから情動的な語句（喜びと寂し

114　Ⅱ部　実証研究

さ）を使ってその根拠を述べているか6段階評定し，内示的意味の理解力得点とした。二人の評定者による内示的意味理解得点の一致率（κ係数）は，$\kappa = .89$であった。

　QOL 3群による一要因の分散分析をおこなったところ，3群の平均値は，QOL-H群は2.4（$SD=1.03$），QOL-M群は2.3（$SD=1.27$），QOL-L群は2.15（$SD=1.52$）であり，3群間に差はみられなかった。子どもの認知能力の1つである本の内示的意味の理解力においては，3群の差がみられず，仮説3は支持されなかった。

　内示的意味の理解力得点のQOL 3群の得点の人数と割合をみると，Table 8.15にみられるように，QOL-H群に最も多かったのは，木の感情を1つの情動的な語句で表現し，その根拠を説明もできる内示的意味理解力2の子ども（50%）と2つの情動的な語句を表現した内示的意味理解力3の子ども（25%）が多く，情動的な語句で表現をしない子どもや課題に取り組まない子どもはいなかった。QOL-L群では，情動的な語句を使って感情の説明までできる子どもがいるかと思えば，課題に取り組まず何も答えられない子ど

Table 8.15　QOL 3群における本の内示的意味の理解力の人数と割合

(%)

分類	内示的意味理解の内容	得点	QOL-H 群 n = 16	QOL-M 群 n = 24	QOL-L 群 n = 13	全員 n = 53
内示的意味の理過力1	情動的な語句が2つ，その根拠の説明あり	5	1 (6.3)	2 (8.3)	1 (7.7)	4 (7.5)
内示的意味の理過力2	情動的な語句が2つ，その根拠の説明1つ	4	1 (6.3)	2 (8.3)	2 (15.4)	6 (11.3)
内示的意味の理過力3	Emotional term 2つ，その根拠の説明なし	3	4 (25)	4 (16.7)	1 (7.7)	25 (47.2)
内示的意味の理過力4	Emotional term 1つ，その根拠の説明あり	2	8 (50)	12 (50)	5 (38.5)	9 (17)
内示的意味の理過力5	Emotional term 1つ，その根拠の説明がない	1	2 (12.5)	2 (8.3)	2 (15.4)	5 (9.4)
内示的意味の理過力6	Emotional term 指摘なし，課題を拒否	0	0	2 (8.3)	2 (15.4)	4 (7.5)

ももいて，ばらつきが見られた。木の２つのアンビバレントな感情を理解し，その根拠をきちんと説明できている子どもたちは全体の10％に満たなかったが，２つの感情のどちらかを表現しその根拠も説明できている子どもは半数近くいた。

8.5.4.5　母子交渉の質

　子どもが本のあらすじを語るときの母子のやりとりを，測定５の手続きで，母子の交渉の質として評定した。母子交渉の質の７つのコードに対して，プロトコルからそのコードが見られた回数を数え，それぞれのコードに対する出現数をだした。二人の評定者による出現数の一致率（κ 係数）は，Collaborative talk が $\kappa = .93$，Acceptance talk が $\kappa = 1$，Controlling talk が $\kappa = .80$，Miss-matching talk が $\kappa = .79$，Let-alone が $\kappa = 1$，Withdrawal が $\kappa = .69$，Reject が $\kappa = .64$であった。

　QOL３群間の差を検討するため，７つのコードそれぞれの出現数について３群による一要因の分散分析をおこなったところ，得点差は見られたが主効果が有意とはいかなかった。そこで，試みに QOL-H 群と QOL-L 群の差を検定したところ，Figure 8.18のように Withdrawal のコードにおいて，有意差がみられ（$t(27) = 2.01$，$p < .05$），QOL-L 群は Withdrawal の出現数が QOL-H 群より多く，課題にきちんと取り組まない子どもがいるなど適応の悪さと関連していることが明らかになった。

8.5.5　討論

　QOL３群にみられる子どものコンピテンスを，母子交渉場面から認知能力と母子交渉の質を検討したところ，あらすじ理解力では QOL-H 群の子どもの方が QOL-L 群の子どもよりもより多くのスクリプトを語り，高い理解力を示していた。しかし，本読み能力，内示的意味の理解力，課題達成能力では３群の差はみられなかった。母子交渉の質では，「Withdrawal」が

116　II部　実証研究

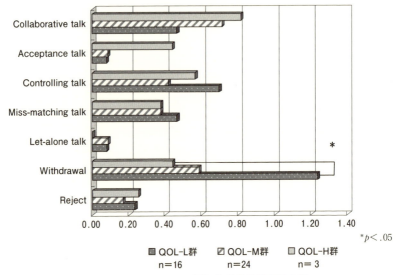

Figure 8.18　QOL 3 群における母子交渉の質

QOL-L 群の子どもに多く見られた。あらすじ理解力と母子交渉の質「Withdrawal」には QOL 3 群の差異がみられたが，仮説 3 のように，子どもの適応とここで問題にした全ての認知能力が関連するという結果ではなかった。

　興味深いことに，QOL 3 群には以下のような特徴がみられた。QOL-H 群の子どもは，本のあらすじ理解力，内示的意味の理解力のレンジは小さく，得点のばらつきは少なかった。しかし，QOL-L 群のなかには，課題達成能力が非常に高い子どもが含まれ，本読み能力，本のあらすじ理解力，内示的意味理解力でも情動的な語句を使い，その根拠も説明する子どももいる一方，語句を 1 つも表現しない子どももおり，いずれも課題の得点のばらつきが大きく，課題にきちんと取り組めない子どももいるのが特徴だった。

　子どもの適応に関わるのは，単に子どもの認知能力の高さというよりは認知能力のバランスこそが問題なのかもしれないと考えられた。これは，今後の検討課題である。

8章 小学2年時の適応　117

　また，本読み能力では，母親が読んで聞かせる割合がQOL-H群に最も多いというのも興味深い結果だった。ここで扱ったこれらの子どもの認知能力は，母子交渉場面で得られたもので，子どもが母親からの援助をうまく引き出す，または母親が子どもの能力をうまく引き出している結果でもあるといえる。

8.6　QOL 3群における子どもの人間関係

8.6.1　目的

　小学2年生とは，家庭中心の生活であった子どもも多い幼児期とは違い，どの子どももいっせいに学校という集団生活のなかで1日の多くの時間を過ごすことになる。幼稚園から学校への移行期を経て，ほとんどの子どもが学校の生活にも慣れてきた頃であり，子どものネットワークも集団生活を知ることによって，遊ぶ時は母親や父親より友だちが大切になるし，場面によっては先生を必要と感じる子どももいるなど，変容する時期と考えられる。ソーシャル・ネットワークという視点から，複数の重要な他者からなる人間関係をみていくために，PART（Picture Affective Relationships Test）を用いて，子どもの適応と人間関係との関連性をQOL 3群の差異によって検討する。

仮説4．小学2年時の人間関係におけるQOL 3群の差異についてみたとき，まだ親の支援が必要な時期なので「Parent」の選択数は3群に差がみられないだろう。一方，この時期は一日の大半を学校で過ごすようになり，友だちを重要とする時期でもある。したがって，「Friend」の選択数が多い方が適応していると考えられるので，QOL-H群の「Friend」の選択数は多く，QOL-L群の選択数は少なく，「Lone-wolf」傾向がみられるだろう。

118　Ⅱ部　実証研究

8.6.2　方法

　小学2年生の面接調査時に，PART（Picture Affective Relationships Test：絵画愛情の関係テスト小学生版，高橋，1978〜2000）を用いる。PART は，人間の適応を支える人間関係が数人の重要な他者からなることから，愛情の要求を充足しようとする人間関係の表象を測定するものである。6つ（幼児版は5つ）の心理的機能がどのような対象によって充足されることを望んでいるかによって，人間関係の内的枠組みをとらえる。小学生版 PART と3歳から6歳までの幼児版 PART がある。女児には女児用，男児には男児用のカードを見せながら，「Aちゃんが病気のとき，誰にもっともそばにいてほしいですか」や「Aちゃんが宇宙旅行に行くとしたら，誰と最も一緒に行きたいですか」などの質問に，母親，父親，友人，ひとりなどの中から選択させる。なお，小学生版 PART は，本来は18図版あり心理的機能が1つ（養育する）だけ幼児版より多いが，本研究の分類では幼児版に合わせ，幼児版と同じ5つの心理的機能15枚の図版を使用した。子どもが15枚の図版のなかで，母親，父親，友だち，ひとりなど選択した人の数をそれぞれの選択数として合計する。

　本研究では，その選択者のなかで，母親を選択した数と父親を選択した数とを合わせて両親を選択した数として「Parent」という変数とし，友だちの選択数を「Friend」という変数に，誰でもいい，一人でいいなどを選択した数をまとめて Lone-wolf 傾向として「Lone-wolf」という変数にした。

8.6.3　結果と考察

　QOL 3群における人間関係を検討するために，「Parent」「Friend」「Lone-wolf」の選択数についてそれぞれ3群を独立変数に一要因の分散分析を行った。その結果，Figure 8.19にみられるように，「Parent」の選択数は3群間の差はみられず，「Friend」と「Lone-wolf」の選択数についての主効果がみ

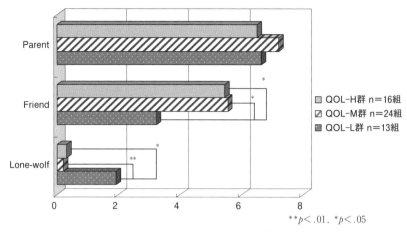

Figure 8.19 小学2年時におけるQOL 3群の「Parent」「Friend」「Lone-wolf」の選択数

られた（$F(2.50)=3.19$, $F(2.50)=3.70$, $ps<.05$）。そこで，TukeyのHSD法による多重比較を行うと，「Friend」の選択数については有意とはいえなかったので，さらに，QOL-H群とQOL-L群の差について，t検定を試みたところ，QOL-H群の「Friend」の選択数はQOL-L群の選択数よりも有意に多かった（$t(26.5)=2.34$, $p<.05$）。また，「Lone-wolf」の選択数における多重比較の結果は，QOL-L群の選択数は，QOL-M群の選択数よりもQOL-H群の選択数よりも有意に多かった（$p<.05$）。「Friend」の選択数においては，QOL-L群はQOL-H群よりも少なかった。QOL-L群は「Friend」の選択数が少ないだけでなく，他の2群ではほとんどみられない「Lone-wolf」傾向がみられた。

QOL-H群は「Friend」の選択数は多く，QOL-L群の「Friend」選択数は少なく，「Lone-wolf」傾向が多くみられるという仮説4は支持された。

8.6.4 討論

このPARTは，人間の適応を支える人間関係が数人の重要な他者からな

120 II部 実証研究

ることから，愛情の要求を充足しようとする人間関係の表象を測定するものである。人間関係は，誰がよいかということではなく，年齢に限らず Lone-wolf 傾向が強い Lone-wolf 型の心理的適応が他の型よりも有意に低いことがみいだされている（高橋，2002；井上・高橋，2000）。この結果でも，QOL-L 群の子どもに「Lone-wolf」傾向がみられ，先行研究を支持するものであった。また，「Parent」の選択数における QOL の3群に差が見られなかったのは，子どもの人間関係が拡がっても，情緒的支えを求める機能や，行動や存在の保証を求めるなど親の支えが必要な心理的機能については，適応のよさに関わらず親を選んでいると推測される。本研究においては選択数にだけ注目したが，QOL と心理的機能の関係については，今後検討していきたいと考える。

8章のまとめ

　本章では，本研究の調査協力児の小学2年時に「小学生版 QOL 尺度」を実施して，その得点を全国の2年生の標準得点を参考に，高／中／低に分け，QOL 3群を特定した。QOL-H 群16名（女児12名，男児4名），QOL-M 群24名（女児11名，男児13名），QOL-L 群13名（女児3名，男児10名）となり，以下はこの QOL 3群によって分析した結果を Table 8.16にまとめた。

　小学2年時の面接調査の時に子どもに学校の勉強，好きな科目や好きな先生などについてたずねた学校適応度得点では，QOL-H 群の子どもは，他の2群よりも高い学校適応度得点示し，QOL-L 群の子どもは最も低く，QOL-M 群は中間であった。また，母親からみた子どもの QOL 得点と子どもの報告する QOL 得点では，QOL-L 群の母子のずれが有意に大きいことが示された。したがって，仮説1と仮設2は支持された。さらに，小学2年時の母子相互交渉場面におけるパズル課題と共同読書課から，子どもの4つの認知能力（達成課題能力，本読み能力，あらすじ理解力，内示的意味の理解力）

と，母子の相互交渉の質を取り出したところ，あらすじ理解力と母子交渉の質に QOL 3 群間に有意差がみられた。あらすじ理解力では，QOL-H 群の子どもの方が QOL-L 群の子どもより多くのスクリプトを語っており，母子交渉の質の 7 つのコードのうち「Withdrawal」の出現数は，QOL-L 群の子どもに明らかに多くみられた。取り上げられた 4 つの認知能力のうち 2 つについて QOL 3 群間の差異がみられ，仮説 3 は一部が支持されたといえる。また，小学 2 年時の人間関係について QOL 3 群の差がみられたのは，「Friend」と「Lone-wolf」の選択数であった。「Friend」の選択数は，QOL-H 群は QOL-L 群より有意に多く，「Lone-wolf」の選択数は QOL-L 群に多くみられた。「Parent」の選択数については 3 群に差はなかった。仮説 4 は支持された。

Table 8.16 小学 2 年生の適応を規定する変数における QOL 3 群の差

	要因	QOL 3 群の差
学校適応	学校適応度得点	QOL-H 群＞QOL-L 群**, QOL-H 群＞QOL-M 群*, QOL-M 群＞QOL-L 群*
認識のずれ	母親による子どもの QOL 得点と子どもの報告とのずれ：家族	QOL-M 群＜QOL-L 群*
認知能力	課題達成能力	有意差なし
	本読み能力	有意差なし
	本のあらすじ理解力	QOL-H 群＞QOL-L 群*
	本の内示的意味の理解力	有意差なし
母子交渉	母子交渉の質「Withdrawal」	QOL-H 群＜QOL-L 群*
人間関係	「Friend」の選択数	QOL-H 群，QOL-M 群＞QOL-L 群
	「Lone-wolf」の選択数	QOL-H 群，QOL-M 群＜QOL-L 群

9章 QOL 3群における適応を規定する親の要因

本章では，3歳〜小学2年時までのIMS縦断研究の一部を用いて，小学2年時のQOL 3群が子どもを取り巻く家庭環境としての親の要因について差異があるかを検討する。

9.1 目的

先行研究から親の要因として考えられたうちの母親の要因と同様に，父親の要因，夫婦関係の要因をとりあげる。はじめに，(1)父母の子どもと育児についての感情（4歳，6歳，小学2年時）(2)父母の子どもに向けられた愛情の要求（6歳，小学2年時）(3)配偶者に向けられた愛情の要求（6歳，小学2年時）(4)夫婦関係の満足感（5歳）について，以下の仮説にしたがって，これらの親の変数がQOL 3群の差を説明できるかについて分析する。

仮説5：QOLの高い子どもの親は，子どもに対する愛情が強く，育児に対してポジティブな感情を持っていると予測される。そこで，4歳〜小学2年時の縦断的な資料から取り出した母親と父親の育児肯定感は，QOL-H群の両親は他の2群より高く，育児制約感は低く，子どもに向けられた愛情の要求は高いだろう。一方，QOL-L群の両親の育児肯定感は他の2群より低く，育児制約感は高く，子どもに向けられた愛情の要求は低いであろう。QOL-M群の両親のこれらの得点はQOL-H群とQOL-L群の中間の値を示すだろう。

仮説6：夫婦関係の要因である夫婦関係満足度において，QOL-H群の両親の得点はともに高く，QOL-L群の両親の得点はともに低く，QOL-M群

の両親の得点はその中間であろう。また，配偶者に対する愛情の要求も QOL-H 群の両親は他の2群より高く，QOL-L 群の両親は他の2群より低いだろう。QOL-M 群の両親はいずれの変数も QOL-H 群と QOL-L 群の中間の値を示すだろう。

9.2　方法

本章では，IMS 縦断研究より小学2年時で本研究の分析対象とされた調査協力児53名の父母の以下の資料を用いる。

［調査の内容］

本研究で用いた資料の質問紙の内容は，以下の3つである。
⑴育児感情尺度（柏木・若松，1994）：4歳，6歳，小学2年時

子どもや育児に対する感情について肯定的・否定的両側面から測定することのできる14項目により構成されている。"育児は楽しい"，"子どもをみていると元気付けられる"，"親であることに充実感を感じる" など，子どもや育児に対する充実感や育児を楽しいと感じるという肯定的側面の6項目と，"子どもを育てることは負担だ""子どもから開放されたいと思う" などの否定的側面6項目に対して，4段階評定（よくそう思う・そう思う・そうは思わない・まったくそう思わない）をしてもらう。本研究では，肯定的側面6項目の合計を「育児肯定感」得点，否定的側面の6項目の合計を「育児制約感」得点として，この2側面を使う。
⑵愛情の関係尺度（ARS; Affective Relationship Scale, Takahashi, 1974, 2004; Takahashi & Sakamoto, 2000；高橋，2002）：6歳，小学2年時

図版式 PART と同じソーシャル・ネットワーク理論に基づいた尺度で，母親，父親，同性の最も親しい友人，配偶者，子ども，その他の重要な人の6人それぞれについて，その対象別に相手に対する気持ちの強さを独立に問

124　II部　実証研究

うことにより，成人の人間関係を測定するものである。対象別に各12項目，
例えば子どもへの愛情の強さについては"子どもが困ったときには私に相談
してほしい""子どもが私の心の支えであってほしい"など，また，配偶者
への愛情の強さでは"夫（妻）が困っているときには助けてあげたい"，"悲
しいときには夫（妻）と共にいたい"などがある。各項目について，5段階
評定（そう思う・まあそう思う・どちらともいえない・あまり思わない・思わない）
をしてもらい，それぞれ12項目の合計得点を「子どもへの愛情の要求」得点，
「配偶者への愛情の要求」得点とする。本研究では，この2つ（子どもと配偶
者）の人物についてのみ扱う。

(3)夫婦関係満足度尺度（MSS; Marital Satisfaction Scale）（Roach, et al, 1981；坂内，
　　1996による日本語版）：5歳時

　アメリカで開発された尺度で，48項目で構成されているが，この中から日
本の夫婦に実施するのに適当とされた"夫（妻）と話していると楽しい"，
また"離婚して夫（妻）を失うことは耐え難い"などの逆転項目を含む30項
目に対して，5段階評定（そう思う・まあそう思う・どちらともいえない・あまり
思わない・思わない）をしてもらい，合計得点を夫婦関係満足度得点とする。

　なお，ARS は付録6に添付してある。

[調査の手続き]

　3歳〜小学2年時の秋から冬にかけての面接調査後に，父母に対する質問
紙を渡して，回答後に郵送で返信してもらうように母親に依頼した。小学1
年，2年時は春に郵送調査による父母に対する質問紙調査を行っていた。愛
情の関係尺度は，子どもが6歳，小学2年時に，育児感情尺度は子どもが4
歳，6歳，小学2年時，両親に繰り返しした調査であり，夫婦関係満足度尺
度は子どもが5歳時の調査で，父母それぞれ独立して測定した。

9.3 結果と考察

9.3.1 母親, 父親の育児に対する感情

　4歳, 6歳, 小学2年のそれぞれの時点での母親と父親の子育てに対する肯定感と制約感における QOL 3群間の差を一要因の分散分析によって検討した。

　その結果,「育児肯定感」得点では, 4歳, 6歳, 小学2年時のいずれの時期にも3群による主効果はみられなかった。しかし,「育児制約感」得点では, 小学2年時での差は有意ではなかったが, 6歳時と4歳時では群の主効果が有意であった ($F(2.32) = 4.52 ; F(2.43) = 3.21, p<.05$)。そこで, Turkey の HSD 法による多重比較によって3群間の差をみたところ, 6歳時での「育児制約感」得点は, QOL-L 群の母親は QOL-M 群の母親よりが有意に高かく ($p<.05$), 4歳時でも QOL-L 群の母親は, QOL-M 群の母親よりが有意に高かった ($p<.05$)。Figure 9.1 にみられるように, QOL-L 群の母親は子どもが4歳, 6歳時での育児に対する制約感が他群より高かったことがわかった。さらに, 高群低群の差を検討するために QOL-L 群と QOL-H 群の t 検定を試みると, その差に有意な傾向があるといえた ($t(16) = 1.76, p<.1, t(22) = 1.86, p<.1$)。QOL-L 群の母親は, 子どもが4歳, 6歳のときの育児に対する制約感が QOL-M 群や QOL-H 群の母親より強かった。

　次に, 父親の結果では, Figure 9.2 にみられるように,「育児肯定感」には母親と同様にいずれの時点でも QOL 3群間の差はみられなかった。「育児制約感」においては, 6歳, 小学2年時では3群の差はみられなかったが, 4歳時の「育児制約感」得点で群の主効果に有意傾向がみられた ($F(2.43 = 2.44, p<.1$)。そこで, Turkey の HSD 法を用いた多重比較をしたところ, 有意とはいえなかった。試みに, QOL-L 群と QOL-H 群の t 検定を試みる

126 Ⅱ部　実証研究

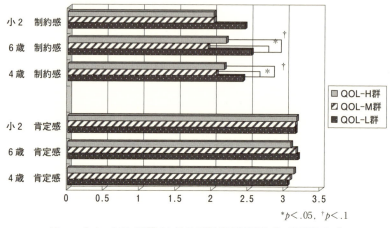

$^*p<.05, ^†p<.1$

Figure 9.1　QOL 3 群における母親の育児制約感，育児肯定感

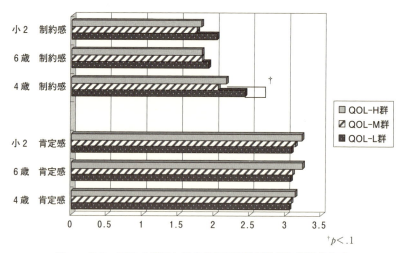

$^†p<.1$

Figure 9.2　QOL 3 群における父親の育児制約感や育児肯定感

と，その差は有意傾向があるといえた（$t(22) = 1.96$, $p < .1$）。QOL-L 群の父親は，4 歳時での育児に対する制約感が，QOL-H 群の父親よりも高かったことがわかった。子どもが 4 歳時での育児制約感は，QOL-L 群の両親はともにともに強く，小学 2 年時の QOL を識別していた。

9.3.2　母親，父親の子どもへの愛情の要求

　愛情の強さを示すソーシャル・ネットワークの指標である ARS から，母親と父親が子どもへの愛情の要求を測定した得点における QOL 3 群による 1 要因の分散分析を行った。その結果，母親の子どもへの愛情の要求得点では 6 歳，小学 2 年時のいずれも群の主効果はみられなかった。次に，父親の子どもへの愛情の要求得点においては，小学 2 年時で差はみられたものの有意ではなかった。そこで，QOL-H 群と QOL-L 群の差を検討するために t 検定を試みたところ，QOL-H 群の父親の得点は QOL-L 群の父親の得点より高い有意な傾向が見られた（$t(5.5) = 2.35$, $p < .1$）。また，QOL-L 群と QOL-M 群では，QOL-M 群の父親の得点は QOL-L 群の父親の得点より有意に高かった（$t(12) = 2.95$, $p < .05$）。Figure 9.3 にみられるように，小学 2 年時の QOL-L 群の父親の子どもへの愛情の要求は他群より低い傾向が見られた。

9.3.3　母親，父親の配偶者への愛情の要求

　次に，母親，父親がそれぞれ配偶者への愛情の要求が子どもの QOL を識別するかを検討した。QOL 3 群による母親，父親，配偶者への愛情の要求得点の一要因の分散分析を行った。その結果，差はみられるがいずれも有意ではなかった。そこで，母親の夫への愛情の要求得点に QOL-H 群と QOL-L 群に差があるかを t 検定によって試みたところ，小学 2 年時の母親の夫への愛情の要求得点は，QOL-L 群の母親の得点は QOL-H 群の母親の得点より高い有意な傾向がみられた（$t(14) = 1.91$, $p < .1$）。

128　II部　実証研究

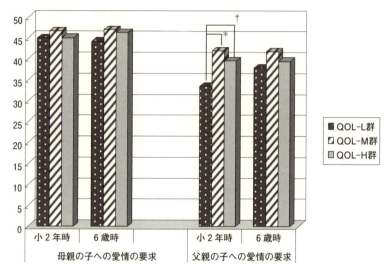

*p＜.05, †p＜.1

Figure 9.3　QOL 3 群における母親，父親の子どもへの愛情の要求

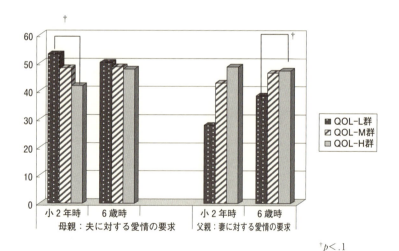

†p＜.1

Figure 9.4　母親と父親の配偶者への愛情の要求と QOL 3 群

また，父親の妻への愛情の要求得点では，小学2年時では有意な差がみられなかったが，6歳時ではQOL-H群の父親の得点はQOL-L群の父親の得点より高い有意傾向がみられた（$t(15) = 1.98$, $p < .1$）。

Figure 9.4にみられるように，小学2年時のQOL-L群の母親は，夫への愛情の要求は高い傾向にあり，QOL-L群の父親は6歳時ではあるが妻への愛情の要求が低い傾向となっていた。

9.3.4 両親の夫婦関係満足度

QOL3群による5歳時の両親の夫婦関係満足度得点の差を検討するために，母親と父親それぞれの一要因の分散分析を行った。その結果，母親の夫婦関係満足度得点，父親の夫婦関係満足度得点どちらにも3群間の主効果はなかった。いずれもQOL3群の差はみられず，子どもが5歳時の母親と父親のそれぞれの5歳時のときの夫婦関係満足度は直接的にと子どもの適応の差を示していなかった。

以上の結果から、母親と父親の要因についてQOL3群を識別できたのは，母親の4歳時と6歳時の育児制約感においてQOL-L群の母親はQOL-H群の母親より高く，父親の4歳時の制約感ではQOL-L群の父親はQOL-H群の父親より高かった。また，小学2年時の父親の子どもへの愛情の強さと6歳時での父親の妻への愛情の強さにおいては，QOL-H群の父親はQOL-L群の父親より高く，QOL-M群の父親もQOL-L群の父親より高かった。6歳時での父親の妻への愛情の強さでは，QOL-L群の母親の方がQOL-H群の母親より高かった。したがって，仮説5の一部は支持された。夫婦関係満足度は子どものQOLに直接関係していなかったので，仮説6は支持されなかった。

130 II部 実証研究

9.4 討論

9.4.1 母親の育児制約感

　母親が子育てをしているとき，「子育ては楽しい」という肯定的な感情には，QOL 3 群間の差はみられなかったが，「子どもを持たなければ良かった」，「解放されたい」，「いらいらさせられることがよくある」などの子育てに否定的な感情は QOL-L 群の母親に高く，子どもの適応と関連していることがわかった。それは，小学 2 年の現在との関係だけでなく 2 年前，4 年前の母親の感情が影響していることは興味深かった。幼い頃（4 歳時）の子育てに否定的な気持ちは，母親だけでなく父親にもみられ，QOL-L 群の子どもの父親の育児制約感は高かった。

　また，この母親の制約感は，子どもの気質やパーソナリティに関連していることや，父親の家庭への協力度などと関わっていることなどが推測される。本研究ではそこまで掘り下げられてはいないが，子育て支援からは重要な問題であり，今後の検討課題である。

9.4.2 父親の子どもへの愛情の要求

　両親が子どもへの愛情の強さを示す得点では，QOL 3 群間の差は母親でなく，父親にみられた。小学 2 年時の QOL-L 群の父親は，QOL-H 群や QOL-M 群の父親より子どもに対する愛情の要求が低い傾向にあった。母親の要因だけでない父親の要因も子どもの適応に関連していることが予測される結果だった。これは，今後子どもの適応や発達みるとき，父親の要因も母親と同様に検討していく必要性を示しているといえるだろう。

9章　QOL 3 群における適応を規定する親の要因　131

9.4.3　母親の夫への愛情の要求と子どもへの愛情の要求

　QOL-L 群の母親は，夫に対する愛情の要求は高い傾向にあり，逆に同時期ではないものの QOL-L 群の父親は妻に対する愛情の要求が低い傾向がみられ，このアンバランスさが子どもの QOL に影響しているのかもしれない。

9章のまとめ

　Table 9.1 に QOL 3 群の差がみられた親の要因をまとめたが，親の要因について QOL 3 群の差が明らかとなったのは，母親の 4 歳時，6 歳時の育児制約感と父親の 4 歳時の育児制約感であった。母親の 4 歳時，6 歳時の育児制約感において，QOL-L 群の母親は QOL-M 群の母親より高く，父親の 4 歳時の育児制約感では QOL-L 群の父親は QOL-H 群の父親より高かった。また，小学 2 年時の父親の子どもへの愛情の強さと 6 歳時での父親の妻への愛情の強さにおいては，QOL-H 群の父親は QOL-L 群の父親より高く，QOL-M 群の父親も QOL-L 群の父親より高かった。6 歳時での父親の妻へ

Table 9.1　QOL 3 群の差が見られた親の要因

調査時期	調査協力者	要因	変数	QOL 3 群の差
小学 2 年時	父親	愛情の要求	子どもへの愛情の要求	QOL-H群＞QOL-L 群[†] QOL-M群＞QOL-L 群*
小学 2 年時	父親	愛情の要求	妻への愛情の要求	QOL-H群＞QOL-L 群[†]
小学 2 年時	母親	愛情の要求	夫への愛情の要求	QOL-H群＜QOL-L 群[†]
6 歳時	母親	育児感	育児制約感	QOL-M群＜QOL-L 群*
4 歳時	母親	育児感	育児制約感	QOL-M群＜QOL-L 群*
4 歳時	父親	育児感	育児制約感	QOL-H群＜QOL-L 群[†]

*$p < .05$, [†]$p < .10$

の愛情の強さでは，QOL-H 群の父親は QOL-L 群の父親より高く，一方，母親の夫への愛情の強さでは，QOL-L 群の母親の方が QOL-H 群の母親より高くかった。したがって，仮説5のすべては支持されなかったが，一部は支持された。夫婦関係満足に対する仮説6は支持されず，子どもの QOL と直接関係していなかった。

10章　適応を規定する子どもの要因

　本章では，3歳～小学1年時までのIMS縦断的研究の一部を用いて，小学2年時のQOL3群がそれまでの子ども自身の要因において差異があるかを検討する。

10.1　目的

　子どもの先行要因として，認知能力と人間関係を取り上げる。はじめに，認知能力の変数を(1)3歳時と小学1年時に施行したPPVT/PVT（絵画語らいテスト）によって語彙理解能力，(2)5歳時のパズル課題による課題達成能力を扱う。次に，(3)子どもの人間関係を測定した変数として，3歳～小学1年時まで毎年施行したPART（絵画愛情の関係テスト）によって，小学2年時の分析方法と同様に重要な他者として選択した「Parent」の選択数，「Friend」の選択数，「Lone-wolf」の選択数を扱う。以下の仮説にしたがって，これらの子ども自身の変数が後続の小学2年時のQOL3群を識別できるかを分析する。

仮説7：子どもの認知能力（3歳時の語彙理解能力，5歳時の課題達成能力，小学
　　1年時の語彙理解能力）における3群の差異が見られ，QOL-H群の子ども
　　の認知能力は他の2群より高く，QOL-L群の認知能力は低く，QOL-M
　　群はそれらの中間であろう。
仮説8：子どもの人間関係における3群の差異は，「Parent」の選択数にお
　　いてはみられず，「Friend」の選択数はQOL-H群の方が他の2群より多
　　くを選択しているであろう。一方，「Lone-wolf」の選択数ではQOL-L群

の方が他の2群より多く選択しているであろう。

10.2 方法

本研究の分析対象とされた調査協力児53名の以下の資料を用いる。

[調査の内容]

本章で用いた資料は子どもの面接時に施行された子どもの認知能力と人間関係を測定した以下の3つの内容である。

(1)絵画語い検査（PPVT；Peabody Picture Vocabulary Test；絵画語いテスト日本語版，永野，1974）：3歳時

語彙理解能力を検査するテストとしてアメリカで開発され，一般的認知発達を測定しているとされ，知能検査の代わりとして広く使われている。調査者がいう言葉にあてはまる絵を子どもが4つの絵の中から選択し，その正答数を得点化していく。日本語版は刺激語70項目である。

PVT；Picture Vocabulary Test（絵画語いテスト小学生版，上野ら，1991）：小学1年時

PPVTと同じ形式で日本の小学生にも適用できるようにわが国で標準化されているものであり，あて推量によるまぐれ当りなどと正直に「わからない」と答えた子どもが不利にならないように修正得点を算出し，さらに，個人の成績が同一年齢水準でどのあたりに位置するのかの指標を評価点として示している。このため，本研究ではPPVTは素点で，PVTは評価点で分析している。

(2)パズル課題による課題達成能力：5歳時

Figure 10.1 パズル課題の見本
（㈱ボーネルランド ピキーマグネット・モザイクより）

42ピースのパズルを用いて，前述の小学2年時のときと同じ教示を与え，子どもが中心になってパズルを完成する。手順は同様だが，花の絵の見本は，Figure 10.1 のように，小学2年時のときより少し単純なものである。課題達成能力の分析は，パズルの完成度をピースの数によって5つのレベルを用いた小学2年時と同じ分析法を使用した。

(3)人間関係；PART；Picture Affective Relationships Test（絵画愛情の関係テスト，高橋，1978〜2000，高橋，2002）：3歳〜小学1年時

これは，8章で小学2年時に用いたものと同じである。小学生版 PART と3歳から6歳までの幼児版 PART があり，3歳〜6歳時までは幼児版を用い，小学1年生には小学生版を用いた。各年齢の面接調査の時に施行しており，小学生版 PART は，18図版あるが，小学2年時と同様に小学1年時でも幼児版と同じ15枚の図版を使用し，分析方法も同じく，「Parent」，「Friend」，「Lone-wolf」の選択数を子どもの人間関係の変数とした。

10.3 結果と考察

10.3.1 子どもの認知能力（3歳，5歳，小学1年時）

子どもの認知能力である語彙理解能力が QOL 3 群の差異を明らかにするかどうかを検討するために，3歳時の PPVT 得点と小学1年時の PVT 評価点を QOL 3 群による一要因分散分析を行った。その結果，Table 10.1 と Table 10.2 にみられるように，3歳時の PPVT 得点も，小学1年時の PVT 評価得点においても，群の主効果はみられなかった。3歳時，小学1年時のいずれの語彙理解能力も QOL 3 群による有意な差は見られず，直接小学2年生の適応との関連はみられなかった。

5歳時のパズル課題による課題達成度について，QOL 3 群による一要因の分散分析を行ったところ，群の主効果はみられなかった。Table 10.3 に示す

136　II部　実証研究

Table 10.1　QOL 3 群における 3 歳時の PPVT 得点

	QOL-H 群　n＝16	QOL-M 群　n＝24	QOL-L 群　n＝12
PPVT 得点	42.06(7.25)	38.17(9.32)	41.17(6.30)

(SD)

Table 10.2　QOL 3 群における小学 1 年時の PVT 評価得点

	QOL-H 群　n＝16	QOL-M 群　n＝23	QOL-L 群　n＝12
PVT（評価）得点	12.06(3.49)	12.91(3.36)	11.92(2.31)

(SD)

Table 10.3　QOL 3 群における 5 歳時のパズル課題達成能力

	QOL-H 群　n＝14	QOL-M 群　n＝23	QOL-L 群　n＝12
課題達成度	2.14(1.17)	2.17(0.58)	2.25(1.06)

(SD)

ように，QOL 3 群による差はみられず，5 歳の時の課題達成能力が小学 2 年生の適応に直接関わってはいないという結果であった。小学 2 年時の課題達成能力も QOL 3 群による差はみられなかった。

　なお，Figure 10.2 にみられるように，5 歳時のレベルのレンジの幅は大きく，平均値2.18（*SD*＝.88）であったが，レベル 5 の子どもも 2 名いた。レベル 5 の 2 名のうち，1 名は QOL-H 群の子どもであり，もう 1 名は QOL-L 群の子どもであった。

　以上の結果から，子どもの 3 つの認知能力（3 歳時の語彙理解能力，5 歳時の課題達成能力，小学 1 年時の語彙理解能力）のいずれも 3 群の差異が見られなかったので，仮説 7 は支持されなかった。

10.3.2　子どもの人間関係（3 歳～小学 1 年時）

　3 歳～小学 1 年時までの面接調査で実施された PART の結果を小学 2 年時と同様に，QOL 3 群による一要因の分散分析を，「Parent」「Friend」「Lone-wolf」の各選択数について行った。その結果，「Parent」の選択数に

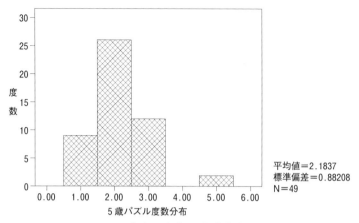

Figure 10.2　5歳時のパズル課題達成能力の度数分布

おいては，どの年齢においても3群の差はみられなかった。しかし，「Friend」の選択数においては，6歳時で群の主効果が有意であった（$F(2.50)=3.35, p<.05$）ので，Tukey による多重比較を行うと，QOL-H 群の選択数は QOL-L 群の選択数より多かった（$MS=3.72, p<.05$）。また，小学1年時においても QOL-H 群と QOL-L 群の t 検定を試みたところ，QOL-H 群の選択数は QOL-L 群の選択数よりも有意に多かった（$t(26)=2.09, p<.05$）。Figure 10.3 に示されるように，「Friend」の選択数は，6歳時と小学1年時で QOL-H 群と QOL-L 群の差を明らかにしている。「Lone-wolf」の選択数における3群間の差は有意ではなかった。子どもの人間関係における3群の差異は，「Parent」の選択数においてはみられず，6歳と小学1年時において「Friend」の選択数は QOL-H 群の方が他の2群より多くを選択していたが，3歳〜5歳時では3群に差はみられなかった。また，「Lone-wolf」の選択数では3群の差はみられず，仮説7の一部が支持された。

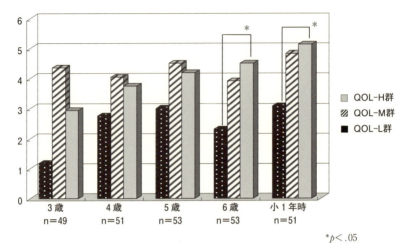

Figure 10.3　QOL 3 群における各年齢の「Friend」の選択数

10.4　討論

10.4.1　子どもの認知能力

　小学2年時の適応に関わる子ども自身の要因として，子どもの認知能力を次の3時点から検討した。3歳時のPPVT得点から語彙理解能力，5歳時のパズル課題から課題達成能力，小学1年時のPVTから語彙理解能力である。これらの変数について，QOL 3 群を識別するかを見たところ，いずれも3群間に差はみられず，3歳〜小学1年時までの子どもの認知能力は，小学2年時の適応を規定していない事が示唆された。

　これは，本研究の調査協力児のPPVT得点の平均値が40.10（$SD=8.17$），PVTの評価点の平均値12.41（$SD=3.16$）で，標準得点と比べると高い傾向にあり，全体的な得点の高さがQOL 3 群間の差につながらなかったのかもしれない。つまり，このサンプルの偏りが影響していることが考えられるだ

ろう。

10.4.2 子どもの人間関係

「Parent」の選択数は，3歳時から小学1年時，そして小学2年時も含めて，いずれの時期もQOL3群間に差はみられなかった。これは，小学2年時でも，親を支えとする心理的機能もあり，人間関係が拡がっても変わらない部分もあるということを示していた。QOL-H群の子どもも年齢が上がるにつれ，「Parent」の選択数は減少していくが6歳時と小学1年時は変化せず，これは小学2年時でも変わっていなかった。この時期を考慮すると，むしろ一定の数は変化せず「Parent」を選択することは適応的なことであろう。しかし，「Friend」の選択数は，人間関係が広がると推測される時期には，6歳時と小学1年時では，小学2年時と同様に，QOL3群の差がみられた。やはり，QOLの高い子どもはQOLの低い子どもより多くの友だちを選択していたのである。

10章のまとめ

子どもの適応を規定する先行要因として子どもの認知能力と人間関係を，3歳～小学1年時までのIMS縦断的研究の資料を用いて検討した。Table 10.4に，QOL3群に差の見られた子どもの要因をまとめたが，3歳児の語彙理解力，5歳時の課題達成能力，小学1年時の語彙理解力のいずれの認知能力もQOL3群間に差はみられなかった。したがって，仮説7は支持されなかった。

3歳～小1年時までのPART（絵画版愛情の関係テスト）からみた子どもの人間関係では，「Parent」の選択数，「Lone-wolf」の選択数には3群間の差がみられなかった。差が見られたのは，「Friend」の選択数で，6歳時では，QOL-H群の子どもはQOL-L群の子どもより多く，小学1年時でもQOL-H

140 II部　実証研究

Table 10.4　QOL 3 群に差が見られた子どもの要因

調査時期	調査協力者	要因	変数	QOL 3 群の差
小学 1 年時	子ども	人間関係	「Friend」の選択数	QOL-H 群＞QOL-L 群[*]
6 歳時	子ども	人間関係	「Friend」の選択数	QOL-H 群＞QOL-L 群[*]

群の子どもが選択する数は QOL-L 群の子どもより有意に多かった。したがって，6 歳時と小学 1 年時では適応のよい子どもの方がより多くの「Friend」を選択するであろうという仮説 8 が支持された。社会性の広がりがみられる時期での友だちの選択数は子どもの適応に関連することがわかった。

11章　複合的作用の検討

9章と10章では，小学2年生の適応の規定要因として3歳時から小学1年時までの親の要因と子どもの要因の変数をそれぞれ個別に検討してきた。本章では，親の要因と子どもの要因の両方の複数の変数が複合的に作用して，後の適応に影響を与えているかを検討した。

11.1　目的

子どもの先行要因である認知能力と人間関係の計8変数と，親の要因である母親の要因と父親の要因の計14変数，総計22の変数を説明変数としてステップワイズ法による変数選択を伴う判別分析によって，小学2年時の適応の目的変数であるQOL3群を判別するかを検討した。

仮説9．親の要因と子どもの要因を検討してきたなかで有意味とされた多くの変数は，複合的に作用して子どもの適応の質を規定するであろう。

11.2　方法

本研究では，Table 11.1のように，今まで取り上げてきた先行要因のうち子どもの3つの認知能力（3歳時の語彙理解力，5歳時の課題達成能力，小学1年時の語彙理解能力）と，人間関係の有意味とされた「Friend」の選択数（3歳，4歳，5歳，6歳，小学1年時）の計8つの変数を子どもの要因の説明変数とした。また，母親と父親の4歳，6歳時の育児肯定感，育児制約感，5歳時の夫婦関係満足度，6歳時の子どもへの愛情の要求，配偶者への愛情の要求，の計14の変数を親の要因の説明変数として扱った。これらをまとめて子ども

142   II部   実証研究

Table 11.1   適応を規定する子どもと親の説明変数

子どもの要因	親の要因	
	母親	父親
3歳時の語彙理解能力	4歳時の育児肯定感	4歳時の育児肯定感
5歳時の課題達成能力	4歳時の育児制約感	4歳時の育児制約感
小学1年時の語彙理解能力	5歳時の夫婦関係満足度	5歳時の夫婦関係満足度
3歳時のFriendの選択数	6歳時の育児肯定感	6歳時の育児肯定感
4歳時のFriendの選択数	6歳時の育児制約感	6歳時の育児制約感
5歳時のFriendの選択数	6歳時の子どもへの愛情の要求	6歳時の子どもへの愛情の要求
6歳時のFriendの選択数	6歳時の夫への愛情の要求	6歳時の妻への愛情の要求
小1年時のFriendの選択数		

の要因，親の要因，両方の要因のそれぞれQOL 3群の判別分析を行った。

11.3   結果と考察

はじめに，子どもの要因である認知能力の3変数と人間関係の5変数の計
8変数をステップワイズ法によって変数選択（F値2以上を有効，F値0.99以下
を不要な変数として削除）を行ったところ，(1)3歳時の語彙理解能力，(2)5歳
時のFriendの選択数，(3)6歳時のFriendの選択数の3変数が選択された。
判別分析によるQOL 3群への影響度をみると，Table 11.2のように，この
選択された3変数はQOL 3群のケースのうち55.8％を正しく分類した。
Figure 11.1に正準判別関数を示した。

次に，親の要因である母親と父親の計14変数をステップワイズ法によって
変数選択（F値1以上を有効，F値0.99以下を不要な変数として削除）を行ったと
ころ，(1)母親の4歳時の育児肯定感，(2)母親の4歳時の育児制約感，(3)母親
の5歳時の夫婦関係満足感，(4)母親の6歳時の育児肯定感，(5)父親の4歳時
の育児肯定感，(6)父親の6歳時の育児肯定感，(7)父親の6歳時の子どもへの

Table 11.2 子どもの要因による QOL 3 群の分類結果 (%)

	QOL-L群	QOL-M群	QOL-H群	合計
QOL-L群	9(75.0)	2(16.7)	1(8.3)	12(100)
QOL-M群	7(29.2)	13(54.2)	4(16.7)	24(100)
QOL-H群	4(25.0)	5(31.3)	7(43.8)	16(100)

元のグループ化されたケースのうち55.8%が正しく分類された。

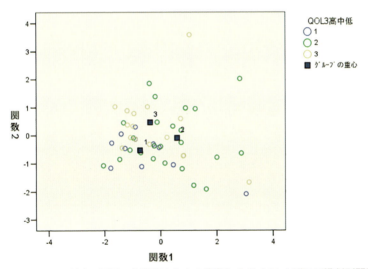

Figure 11.1 子どもの要因から選択された3変数による QOL 3 群の正準判別関数

愛情の要求，の7変数が選択され，Table 11.3のように，QOL 3 群に73.1%が正しく判別された。Figure 11.2に正準判別関数を示した。

そこで，子どもの要因の8変数と親の要因の14変数を合わせた22の変数の判別分析を行ったところ，ステップワイズ法で選択されたのは子どもの要因の3変数［(1)子どもの3歳時の語彙理解能力，(2)子どもの5歳時の Friend の出現数，(3)子どもの6歳時の Friend の出現数］と，親の要因［(4)母親の

Table 11.3 親の要因による QOL 3 群の分類結果 (%)

	QOL-L群	QOL-M群	QOL-H群	合計
QOL-L群	3(100)	0	0	3(100)
QOL-M群	0	10(71.4)	4(28.6)	14(100)
QOL-H群	1(11.1)	2(22.2)	6(66.7)	9(100)

元のグループ化されたケースのうち73.1%が正しく分類された。

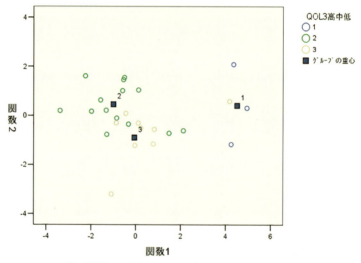

Figure 11.2 親の要因から選択された 7 変数による QOL 3 群の正準判別関数

4歳時の育児肯定感,(5)母親の4歳時の育児制約感,(6)母親の5歳時の夫婦関係満足感,(7)母親の6歳時の育児肯定感,(8)父親の4歳時の育児肯定感,(9)父親の6歳時の育児肯定感,(10)父親の6歳時の子どもへの愛情の要求]の計10変数だった。子どもと親の両方の要因による分類結果 Table 11.4 と Figure 11.3 に正準判別関数を示したように,80%が QOL 3 群に正しく判別された。

Table 11.4　子どもと親の両方の要因による QOL 3 群の分類結果 (%)

	QOL-L群	QOL-M群	QOL-H群	合計
QOL-L群	2(100)	0	0	2(100)
QOL-M群	0	11(78.6)	3(21.4)	14(100)
QOL-H群	1(11.1)	1(11.1)	7(77.8)	9(100)

元のグループ化されたケースのうち80.0%が正しく分類された。

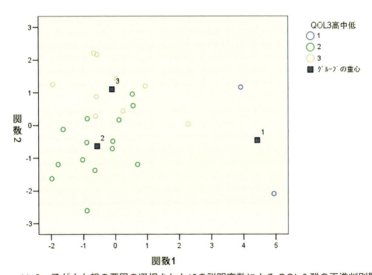

Figure 11.3　子どもと親の要因の選択された10の説明変数による QOL 3 群の正準判別関数

　子どもの要因だけでは55.8%が正しく分類され，親の要因だけでは73.1%が正しく分類されたが，子どもの要因と親の要因を合わせた総変数で複合的にみたところ80.0%が正しく分類され，より影響度が大きいことが示された。

　以上のように，親の要因と子どもの要因を検討してきたなかで有意味とされた多数の変数は，親の要因だけよりも子どもの要因だけよりもそれらをあわせた複数の要因がもっとも QOL 3 群を判別しており，これら複数の要因

146　II部　実証研究

が複合的に作用して子どもの適応の質を規定しているという，仮説9は支持された。

11.4　討論

　子どもと親の要因を合わせた説明変数を使って，ステップワイズ法による変数選択伴う判別分析をした結果，QOL 3群の判別力は高かった。合計した22の変数のうち選択された10変数の内訳は，子どもの要因の3変数（3歳時の語彙理解能力，5歳時のFriendの選択数，6歳時のFriendの選択数）と親の要因の7変数（4歳時の母親の育児肯定感と制約感，父親の育児肯定感，5歳時の母親の夫婦関係満足感，6歳時の母親と父親の育児肯定感，父親の子どもへの愛情の要求）であった。親の要因の7変数のうち父親の変数が3つ選択されていた。

　この結果から，子どもの適応には，母親の要因だけでなく父親の育児に対する感情や子どもへの愛情の要求が影響していること，子どもの要因と親の要因とが複合的にQOL 3群への影響していることが示唆された。変数はサンプル数に対して1/5〜1/10を考えると，子どもの要因と親の要因を合わせた10変数はやや多いものとなっているが，今後さらに検討を加えていきたいと考える。

11章のまとめ

　本章では，9章，10章で，個別にみてきた子どもの要因と親の要因をまとめてQOLの3群を識別できるかを検討した。すなわちQOL 3群を目的変数として，子どもの要因の8変数と親の要因の14変数を合わせた22の変数を説明変数として，ステップワイズ法による変数選択伴う判別分析をしたところ，10変数が選択され80.0%が正しく分類された。その10変数とは，Table 11.5にみられる子どもの要因の3変数（①3歳時の語彙理解能力，②5歳時のFriend

11章　複合的作用の検討　　147

Table 11.5　適応を規定する子どもの要因と親の要因の選択された変数

子どもの要因	親の要因	
	母親	父親
3歳時の語彙理解能力	4歳時の育児肯定感	4歳時の育児肯定感
5歳時のFriendの選択数	4歳時の育児制約感	6歳時の育児肯定感
6歳時のFriendの選択数	5歳時の夫婦関係満足度	6歳時の子どもへの愛情の要求
	6歳時の育児肯定感	

の選択数，③6歳時のFriendの選択数）と親の要因の7変数（④4歳時の母親の育児肯定感，⑤4歳時の母親の育児制約感，⑥4歳時の父親の育児肯定感，⑦5歳時の母親の夫婦関係満足感，⑧6歳時の母親の育児肯定感と⑨6歳時の父親の育児肯定感，⑩6歳時の父親の子どもへの愛情の要求）であった。したがって，仮説9の親の要因と子どもの要因のなかで有意味とされた多数の変数は，複合的に作用して子どもの適応の質を規定していた。

12章　事例研究

　前章までは，小学2年時のQOL得点によってQOLの高／中／低の3群を特定して，その3群の差異を明らかにするとともにその適応の差異を規定する要因を検討してきた。本章では，事例研究によって，以上の結果を個別の事例によって検討する。

12.1　目的

　9，10章の分析でQOLを規定するいくつかの特定の要因が見出された。そして，11章では数個の要因がまとまると複合的に作用して適応の質の差異がよりうまく判別できることが示唆された。そこで，本章では，QOL-H群とQOL-L群の事例を分析することでさまざまな要因が実際にはどのようにして子どもの適応を規定しているかを確かめることを目的とし，QOL総得点の高いQOL-H群から4名（A，B，C，D）と低いQOL-群から4名（E，F，G，H）の計8名を選んで検討することにした。

　つまり，QOL総得点の上下2名ずつと，QOL高低群の中から特徴のある事例を2名ずつ含めて，QOL-H群から⑴QOL総得点がもっとも高い女児A，⑵QOL総得点が次に高かった女児B，⑶母親との関係が悪かったがQOL得点は高い女児C，⑷父親の姿が見られないがQOL得点の高い女児D，QOL-L群から⑸QOL総得点が低く，母子交渉場面で課題にきちんと取り組めなかった男児E，⑹男児Eと同じQOL総得点であり母子関係はよかった男児F，⑺QOL総得点の最も低い方から2番目の男児G，⑻QOL総得点の最も低い女児Hである。

12.2　方法

　これまでに分析してきた変数のうちの統計的に有意味だとされた要因を中心に検討する。すなわち，検討するのは以下のような要因である。(1)QOLの6つの下位領域得点，全国2年生の標準値，母親の報告による子どものQOL得点を用いて2年時のデータがQOLによる3群の様子を示しているかを検討した。さらに，(2)3歳〜小学2年時の人間関係として「Parent」「Friend」「Lone-wolf」の選択数，(3)小学2年時の学校適応度と母子交渉場面での認知能力，(4)3歳，5歳，小学1年時の認知能力，(5)父母それぞれの育児制約感と育児肯定感の得点，(6)父母の子どもや配偶者への愛情の要求と夫婦関係満足度得点である。なお，Table中の（　）内に本研究調査協力児の平均値を示した。さらに，QOL3群の差が有意だった変数はTable中に塗りつぶしで，また，判別分析で有効だと選択された変数は網掛けで示し，これらの変数を中心に検討することにした。なお，本文中では，QOL-H群では期待される方向で平均より高い要因がいくつあるか，QOL-L群では期待される方向で平均より低い要因の個数を述べている。

12.3　結果と考察

12.3.1　事例1：QOL-H群の女児A
　女児Aは，QOL総得点が98.96（全国2年生は69.96）で本サンプル中の最高得点であった。Figure 12.1にみるように，QOLの6下位領域の身体的健康，精神的健康，家族，友だち，学校生活と全て満点であり，自尊感情得点は93.75であった。母親から見た子どものQOLは子どもの報告より全て低く，全国平均とほぼ同じであった。A児は一人っ子で，父親（専門職），母親（無職）の3人家族，経済状態は普通だと母親は報告していた。

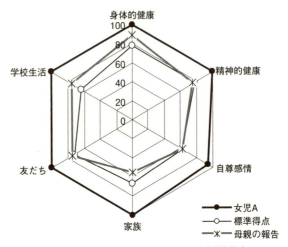

Figure 12.1　A児：QOLの6下位領域得点

　Table 12.1に示すように，小学2年時の学校適応得点は12と高く，母子交渉場面のあらすじ理解力も12と高かった。他の課題達成能力，本読み能力，内示的意味の理解力のいずれも高く，母子相互交渉の質（Collaborative Talk）も良く，母親が時々「それで，どうしたの？」など声をかけると，子どもはそれに答える形で本のあらすじを楽しそうに語っていた。Figure 12.2の小学2年時の人間関係では，「Parent」の選択数は7と平均（6.85）だが，「Friend」の選択数は8と平均（4.94）よりもかなり多く，「Lone-wolf」の選択数は0であった。QOLの家族得点，友だち得点が高く，特に友だちとの関係の良さも示された。このように2年時のA児のQOLの下位領域得点の高さは，学校での適応度，認知能力の高さ，母子関係の良さ，友だち関係の良さと一致していた。

　次に，適応を規定していると思われる先行要因を検討してみると，Table 12.1にみるように，3歳時の語彙理解力は47と高かった。人間関係では，Figure 12.2のように「Parent」の選択数と「Friend」の選択数は3歳〜小

Table 12.1 A児：小学2年時の学校適応，認知能力，母子交渉の質／3歳〜小学1年時の認知能力

小学2年時の学校適応，母子交渉場面における認知能力と母子交渉の質						3歳時	5歳時	小学1年時
学校適応度	課題達成能力	本読み能力	あらすじ理解力	内示的意味の理解力	母子交渉の質	語彙理解力	課題達成能力	語彙理解力
12 (9.72) 4−13	4 (3.74) 2−5	5 (3.77) 1−6	12 (8.75) 1−15	4 (2.32) 0−5	Coll.3 Con.1	47 (38.10) 19−56	3 (2.18) 1−5	12 (12.41) 5−18

注：Table のなかの母子交渉の質のコードは，出現数のあったものを省略形（Collaborative talk → Coll., Controlling talk → Con.）で記載し，その後に出現回数を記した．（ ）内は，調査協力児全体の平均値，その下は尺度のレンジである

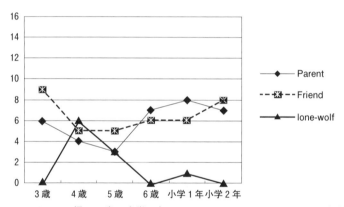

Figure 12.2 A児：3歳〜小学2年の Parent, Friend, Lone-wolf の選択数

学1年時まで一貫して多く，4歳と5歳では「Lone-wolf」の選択数が多いものの，6歳からみられない．つまり，3歳時からの認知能力も高く，友だちも多かった様子である．A児では，子ども自身の知的能力の高さと人間関係のよさが，小学2年時の適応に影響していたと考えられる．

そこで，両親の要因を Table 12.2 にみると，母親の育児制約感は4歳時2.00と平均より低く，6歳時は1.67とさらに低く，肯定感は4歳時も6歳時も3.83と平均より一貫して高い．父親の育児制約感は4歳時2.50と平均より

152　Ⅱ部　実証研究

Table 12.2　A児の母親と父親：小学2年時，6歳時，4歳児の育児肯定感と育児制約感

(M)

母親・父親／子ども	母親		父親	
	育児肯定感	育児制約感	育児肯定感	育児制約感
小学2年時	3.83(3.15)	2.00(2.09)	2.83(3.14)	2.17(1.83)
6歳時	3.83(3.15)	1.67(2.12)	2.83(3.13)	2.17(1.84)
4歳時	3.83(3.09)	2.00(2.15)	2.83(3.10)	2.50(1.90)

Table 12.3　A児の母親と父親：小学2年時と6歳時の子どもと配偶者への愛情の要求，5歳時の夫婦関係満足度

(M)

母親父親／子ども	母親			父親		
	子への愛情の要求	夫への愛情の要求	夫婦満足度	子への愛情の要求	妻への愛情の要求	夫婦満足度
小学2年時	47.00(45.76)	48.00(47.53)		41.00(40.27)	42.00(44.38)	
6歳時	46.00(46.24)	49.00(48.60)		42.00(40.27)	49.00(45.24)	
5歳時			83.00(96.20)			74.00(102.50)

やや高く，4歳児，6歳時の肯定感は2.83，2.83と平均よりやや低かった。つまりこのケースでは，母親は要因の分析が示したように4歳，6歳時の育児に肯定的であったが，父親はそれほどではなかったことがわかる。

また，Table 12.3にみるように6歳時の父親の子どもへの愛情の要求は42.00と平均より高かったので，これが父親の育児肯定感の低さ，制約感の高さを補っていたのかもしれない。夫婦関係をみると，母親の5歳時の夫婦関係満足度は83.00と平均より低く，小学2年時の夫への愛情の要求は48.00でほぼ平均，父親の妻への愛情の要求は小学2年時42.00とやや低く，6歳時では高かったが，A児の両親は，夫婦関係はそれほどよいわけではなかった。

母親は小学2年時の面接時に「(娘は) 近頃反抗的な言葉もいい，強くなってきた。学校は楽しくて仕方ない様子。父親は (子どもが) 可愛くて仕方ないのでちょっかいを出す感じで，(それが) 子どもには受け入れられていないこともありかわいそう，基本的に (父子関係) はいい」と子どもの自立と父娘の様子を報告していた。また，小学1年時の秋の質問紙には「小学校は幼稚園と比べ楽しいが試練の場，お友だちが出来て楽しそうだったり，男の子に軽くいじめられていやなこともあったり，なるべく話を聞いて (やって) 自分で解決するように (と思い) あまり手を出さないようにしている」とあり，母親が子どもの自立に配慮している様子がうかがわれた。

A児の場合は，統計的に有意味だとされた両親の先行要因の9個のうちの6個が期待される方向で平均より高く，特に低いものはなかった。両親ともに子どもへ向ける愛情は強く，特に母親の子育てに対するポジティブな気持ちが一貫して強く，小学2年時の母子関係もよかった。さらに，子どもの要因の8個のうち8個全てが平均より期待される方向で高く，知的な能力と人間関係のどちらもよかった。これらの子どもの要因と親の要因のどちらもよかったことが，QOLの高得点につながったと考えられる。

12.3.2　事例2：QOL-H群の女児B

女児Bは，QOL総得点が90.63 (全国2年生は69.96) で本サンプル中の2番目の高得点であった。Figure 12.3にみるように，QOLの6下位領域では，身体的健康得点は87.50，精神的健康得点は83.75，自尊感情得点は87.5，家族得点は93.75，友だち得点は81.25，学校生活は100.00であった。母親から見た子どものQOLは子どもの報告と前後しており，平均よりはいずれも高かった。Bは，父親 (専門職)，母親 (無職)，6歳年上の姉 (中学生) の4人家族で，経済状態はまあ豊かだと母親は報告していた。

Table 12.4に示すように，小学2年時の学校適応得点は11と高かったが，母子交渉場面での本のあらすじ理解力は6と低かった。あらすじを一つ一つ

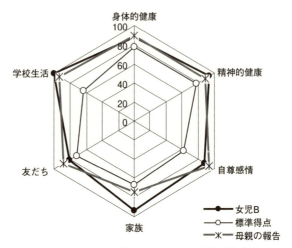

Figure 12.3　B児：QOLの6下位領域得点

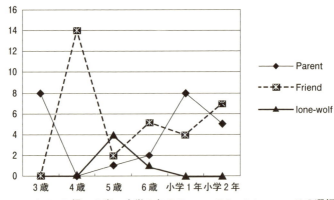

Figure 12.4　B児：3歳〜小学2年のParent, Friend, Lone-wolfの選択数

言うのではなく結論を先に言ってしまい，木の気持ちをたずねる教示をされる前に母子で木の気持ちについて話し合ってしまっていたので，得点にはつながらなかったが，母子相互交渉の質（Collaborative Talk）はよかった。Figure 12.4 の小学 2 年時の人間関係では，「Parent」の選択数は 5 と平均（6.85）よりは少ないが，「Friend」の選択数は 7 と平均（4.94）よりも多く，

12章　事例研究　155

Table 12.4　B児：小学2年時の学校適応，認知能力，母子交渉の質／3歳～小学1年時の認知能力

小学2年時の学校適応，母子交渉場面における認知能力と母子交渉の質						3歳時	5歳時	小学1年時
学校適応度	課題達成能力	本読み能力	あらすじ理解力	内示的意味の理解力	母子交渉の質	語彙理解力	課題達成能力	語彙理解力
11	4	5	6	2	Coll.2	42	2	13
(9.72)	(3.74)	(3.77)	(8.75)	(2.32)		(38.10)	(2.18)	(12.41)
4—13	2—5	1—6	1—15	0—5		19—56	1—5	5—18

注：Table のなかの母子交渉の質のコードは，出現数のあったものを省略形（Collaborative talk → Coll.，Controlling talk → Con.）で記載し，その後に出現回数を記した。（　）内は，調査協力児全体の平均値，その下はレンジである

「Lone-wolf」の選択数は0で，友だちとの人間関係がよいことが示された。QOL の下位領域の学校生活得点が特によかったことは，学校での適応度，友だち関係の良さと一致していた。

　次に，適応を規定していると思われる先行要因を検討してみると，Table 12.4のように，3歳時の語彙理解力は42と高かった。人間関係では，Figure 12.4 のように「Parent」の選択数は3歳と小学1年時で多く，「Friend」の選択数は5歳時では少ないが6歳，小学1年時では平均前後であり，「Parent」が多いときは「Friend」が少なく，「Friend」が多いときは「Parent」が少ない。5歳で「Lone-wolf」の選択数が4回と多いものの，6歳では1回になり小学1年時ではみられなくなった。つまり，3歳時の認知能力は高く，人間関係は年齢によって変化しているが現在は友だちも多い様子である。

　次に，B児の両親の要因を検討してみると，Table 12.5 にみられるように，母親の育児制約感は4歳時も，6歳時も2.17と平均より少し高く，育児肯定感は4歳時に3.00，6歳時は3.17と平均前後であった。一方，父親の育児制約感は4歳時が1.50と平均より低く，育児肯定感は4歳児が3.33，6歳時の3.67といずれも平均よりも高かった。つまりこのケースでは，母親は育児に

156   II部　実証研究

Table 12.5　B児の母親と父親：小学2年時，6歳時，4歳児の育児肯定感と育児制約感

(M)

母親・父親／子ども	母親		父親	
	育児肯定感	育児制約感	育児肯定感	育児制約感
小学2年時	3.17(3.15)	2.17(2.09)	3.17(3.14)	2.17(1.83)
6歳時	3.17(3.15)	2.17(2.12)	3.67(3.13)	1.67(1.84)
4歳時	3.00(3.09)	2.17(2.15)	3.33(3.10)	1.50(1.90)

Table 12.6　B児の母親と父親：小学2年時と6歳時の子どもと配偶者への愛情の要求，5歳時の夫婦関係満足度

(M)

母親父親／子ども	母親			父親		
	子への愛情の要求	夫への愛情の要求	夫婦満足度	子への愛情の要求	妻への愛情の要求	夫婦満足度
小学2年時	54.00 (45.76)	59.00 (47.53)		38.00 (40.27)	57.00 (44.38)	
6歳時	55.00 (46.24)	53.00 (48.60)		40.00 (40.27)	56.00 (45.24)	
5歳時			102.00 (96.20)			91.00 (102.50)

対する肯定的，制約的な気持ちは普通であったが，父親は育児に肯定的な気持ちが高かったことがわかる。

また，育児肯定感や制約感は平均であったが，Table 12.6にみるように母親の子どもへの愛情の要求は6歳時55.00，小学2年時54.00と高かった。父親の方は子どもへの愛情の要求は6歳時の40.00，小学2年時38.00とほぼ平均であった。夫婦関係をみると，母親の5歳時の夫婦関係満足度は102.00と平均より高く，夫への愛情の要求も6歳時53.00小学2年時59.00と高く，父親の妻への愛情の要求も6歳時56.00小学2年時57.00と高かった。B児の両親は，お互いに愛情の要求が高いことがわかった。

母親は小学2年時の面接時には「(学校が)ものすごく楽しくなってきた。

友だちに会えるのを楽しみに行っている。*私（母親）とべったりだったが，（ひとりで）自分の部屋にいたり，勉強のこと言うと反発したり*」と学校が楽しくなっている様子を語っていた。小学1年時の面接時には「*引越ししたので，誰も友だちがいなかった。*」と母親は心配しており，その後の質問紙には「*なんとか友だちを作ることができた*」と報告していた。B児は小学1年時のように友だちがいないときは親を多く選択しており，2年生になると友だちを多く選択し，子どもの状況と人間関係の変化とが一致しており，どちらにしてもよい人間関係が持てていたといえるだろう。

　B児の場合は，統計的に有意味だとされた両親の先行要因の9個のうちの5個が期待される方向で平均より高かったが，残りの要因も平均に近かった。父親の子どもへ向ける愛情は平均だが，父親の子育てに対するポジティブな気持ちが高く，母親との関係もよかった。さらに，子どもの要因の8個のうち5個が期待される方向で平均より高かった。引越しなどの環境の変化によって，友だち関係を心配されるときもあったが，その時期には母親がそれを補う存在であり，家庭での人間関係がよかったことがうかがわれる事例であった。

12.3.3　事例3：QOL-H群の女児C

　女児Cは，QOL総得点は83.33（全国2年生は69.96）で，Figure 12.5にみるように，6下位領域得点では身体的健康得点は93.75，精神的健康得点は75.00，自尊感情得点は81.25，家族得点は81.25，友だち得点は87.50，学校生活得点81.25と全体的に高い得点であった。母親からみたQOLは，自尊感情得点は本人と一致して高く，他はほぼ標準得点と同じで本人の報告よりは低かった。C児は，一人っ子で，父親（会社員），母親（無職），経済状態は普通だと報告している。

　Table 12.7のように，子どもの学校適応度得点は9と平均よりやや低く，あらすじ理解力9は平均よりやや高かったが，母子相互交渉の質

158　Ⅱ部　実証研究

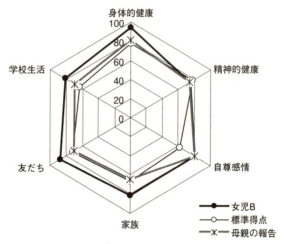

Figure 12.5　C児：QOL の 6 下位領域得点

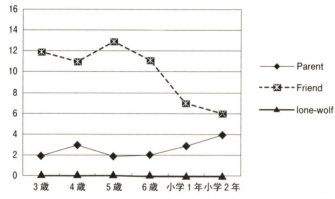

Figure 12.6　C児：3歳～小学2年時の Parent, Friend, Lone-wolf の選択数

(Miss-matching Talk, Reject) は，母親と子どもの会話がかみあっておらず，終わりに近づくと母親が何を言っても「うん」としか答えず，母子のやり取りがスムースではなく，母子関係はあまりよくないことがうかがわれた。人間関係は，Figure 12.6 に示すように，小学2年時の「Parent」の選択数は2と平均（6.85）よりかなり少なく，代わって「Friend」の選択数は12と平

Table 12.7　C児：小学 2 年時の学校適応，認知能力，母子交渉の質／3 歳～小学 1
年時の認知能力

小学 2 年時の学校適応，母子交渉場面における認知能力と母子交渉の質						3 歳時	5 歳時	小学 1 年時
学校適応度	課題達成能力	本読み能力	あらすじ理解力	内示的意味の理解力	母子交渉の質	語彙理解力	課題達成能力	語彙理解力
9	3	3	9	5	Miss.2	47	3	13
(9.72)	(3.74)	(3.77)	(8.75)	(2.32)	Rej.1	(38.10)	(2.18)	(12.41)
4-13	2-5	1-6	1-15	0-5		19-56	1-5	5-18

注：Table のなかで，母子交渉の質のコードは，出現数のあったものを省略形（Miss-matching
talk → Miss.，Reject → Rej.）で記載し，その後に出現回数を記した。（　）内は，本調査協
力児の平均値，その下はレンジである

均（4.94）より顕著に多く，「Lone-wolf」の選択数は 0 であった。学校での
適応や認知能力などはほぼ平均であり，「Friend」の選択数は多く，友だち
得点が高いことと一致しており，小学 2 年時の「Parent」の選択数が少ない
ことから面接場面での母子関係がうまくいっていないことと一致していた。
しかし，本人が報告した QOL の下位領域の家族得点はそれほど低くはなか
った。

　次に，子どもの先行要因を検討してみると，Table 12.7 にみるように，3
歳時の語彙理解力は47と平均より高かった。3 歳からの人間関係を Figure
12.6 にみると，「Parent」の選択数は 3 歳～小学 1 年時で一貫して少ないこ
とが注目される。代わって「Friend」の選択数はいずれの時期も多かった。
「Lone-wolf」傾向は一度も見られない。「Parent」の選択数が少なく，
「Friend」の選択数が多いことがC児の特徴であった。

　次に，両親の要因を検討してみると，Table 12.8 のように，母親の育児制
約感は 4 歳時1.67，6 歳時では2.00と平均より低いが，肯定感は 4 歳時3.17
と平均よりやや高かったが，6 歳時は2.67と低いというように平均前後であ
った。一方，父親の育児肯定感は 4 歳時3.33，6 歳時3.33とどちらの時点で
も平均より高く，制約感は 4 歳時2.00，6 歳時1.57と平均前後であった。B

160　Ⅱ部　実証研究

Table 12.8　C児の母親と父親：小学 2 年時，6 歳時，4 歳児の育児肯定感と育児制約感

(M)

母親・父親　　子ども	母親		父親	
	育児肯定感	育児制約感	育児肯定感	育児制約感
小学 2 年時	3.00(3.15)	1.50(2.09)	3.50(3.13)	1.67(1.83)
6 歳時	2.67(3.15)	2.00(2.17)	3.33(3.13)	1.67(1.84)
4 歳時	3.17(3.09)	1.67(2.15)	3.33(3.10)	2.00(1.90)

Table 12.9　C児の母親と父親：小学 2 年時と 6 歳時の子どもや配偶者への愛情の要求，5 歳時の夫婦関係満足度

(M)

母親父親　　子ども	母親			父親		
	子への愛情の要求	夫への愛情の要求	夫婦満足度	子への愛情の要求	妻への愛情の要求	夫婦満足度
小学 2 年時	38.00(45.76)	35.00(47.53)		48.00(40.27)	54.00(44.38)	
6 歳時	32.00(46.24)	33.00(48.60)		45.00(40.27)	49.00(45.24)	
5 歳時			98.00(96.20)			91.00(102.50)

児の母親に比べて，父親が育児についてポジティブな態度をもっていることが注目された。

　また，Table 12.9 にみるように，父親の 6 歳時の子どもへの愛情の要求は45.00で平均よりかなり高かったが，母親の子どもへの愛情の要求は32.00と顕著に低く，母子関係がそれほどよくないことと一致していた。子どもが 5 歳時の母親の夫婦関係満足度は平均程度であったが，母親の夫への愛情の要求は小学 2 年時も 6 歳時にも低く，子どもに対しても低かった。一方，父親は妻への愛情の要求も子どもへの愛情の要求も高く，育児における態度と一致していた。

　小学 2 年時の面接時に母親は「運動会ではリレーの選手で，練習も含めて

達成感があって視野が広がった。父親とは小さいときから日曜は合気道に行っている，家でも（合気道の）技の掛け合いとかやってて」と家庭での父子関係のよさを報告した。

C児の場合，統計的に有意味だとされた両親の先行要因の9個のうちの6個が期待される方向で平均より高く，母子関係はそれほどよいとはいえなかったが，父親の育児に対するポジティブな気持ちや愛情がそれを補うかのように，小さい時から父親との関係がよいことと多くの友だちがいることが高いQOL得点につながっていると考えられる。これは，子どもの適応に，父親の要因が重要な役割を果している例だといえるだろう。

12.3.4 事例4：QOL-H群の女児D

女児Dは，QOL総得点が87.50（全国2年生69.96）で，Figure 12.7のように，6下位領域の身体的健康得点は93.75，精神的健康は100.00，自尊感情得点は68.75，家族得点は100.00，友だち得点は87.50，学校生活得点75.00であった。母親からみた子どものQOLは子どもより学校生活得点のみが高く，友だち得点と家族得点は平均よりも低く報告していた。D児は一人っ子で，小学2年時の家族は母親（無職）一人であり，5歳時のときから父親とは別居中のため，経済状態やや苦しいと報告していた。

Table 12.10のように，学校適応得点は10と平均よりやや高く，あらすじ理解14と平均よりかなり高く，課題達成能力も5と本人の能力は平均より顕著に高かった。母子相互交渉の質（Collaborative Talk）は，子どもは母親が一言うながすと本のあらすじをどんどん話し，意欲的に取り組んでいるので，母親はそれを見守っている様子だった。人間関係は，Figure 12.8の小学2年時にみられるように，「Parent」の選択数は9と平均（6.85）より多く，「Friend」の選択数は4と平均（4.9）よりやや少なかった。「Lone-wolf」の選択数は0であった。2年時の母子交渉場面でのパズル課題の結果と共同読書課題の結果とどちらの結果もよく，子どもの知的な能力が高いことと母子

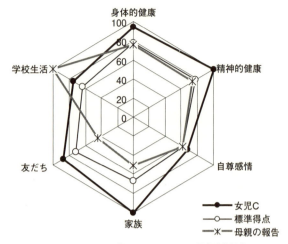

Figure 12.7　D児：QOLの6下位領域得点

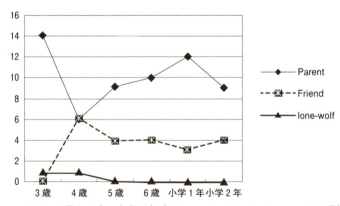

Figure 12.8　D児：3歳〜小学2年時のParent・Friend・Lone-wolfの選択数

関係の良さが特徴的であった。

　次に，D児の子ども自身の先行要因を検討してみると，Table 12.10のように，3歳時の語彙理解力は53.00と平均より高く，いずれの時期の認知能力も高かった。人間関係では，Figure 12.8のように，「Parent」の選択数は3歳時〜小学1年時までずっと多く，「Friend」の選択数は4歳で多くなっ

12章　事例研究　　163

Table 12.10　D児：小学2年時の学校適応，認知能力，母子交渉の質／3歳～小学1年時の認知能力

小学2年時の学校適応，母子交渉場面における認知能力と母子交渉の質						3歳時	5歳時	小学1年時
学校適応度	課題達成能力	本読み能力	あらすじ理解力	内示的意味の理解力	母子交渉の質	語彙理解力	課題達成能力	語彙理解力
10.00	5.00	6.00	15.00	2.00	Coll.2	53	5	17
(9.72)	(3.74)	(3.77)	(8.75)	(2.32)		(38.10)	(2.18)	(12.41)
4—13	2—5	1—6	1—15	0—5		19—56	1—5	5—18

注：母子交渉の質のコードは，出現数のあったものを省略形（Collaborative talk → Coll.）で記載し，その後に出現回数を記した。（　）内は，本調査協力児の平均値，その下はレンジである

ているがあまり変化していない。3歳時では父親を7回，母親を5回選択し，4歳児では父親を3回，母親を2回と選択しているが，5歳時からは父親の選択はみられず，代わりに祖父母や，小学2年時では学校の先生などを選択していた。

　次に，親の要因を Table 12.11にみると，母親の育児に対する制約感は4歳時に1.83と平均より低かったが，6歳時は2.50と平均より高くなっていた。しかし，育児肯定感は4歳時3.33，6歳時3.83といずれもかなり高かった。父親の育児制約感は4歳時1.83，肯定感は3.00とほぼ平均であったが，それ以後の回答はない。

　また，Table 12.12のように，父親の愛情の要求の回答はないが，母親の子どもへの愛情の要求は60.00，55.00と顕著に高く，父親の不在を補っているかのようだった。

　両親の不和の影響は当然あるだろうが，小学2年時での個別面接で母親は「(学校が) 女の子が少ないのでうまくいかないことがあったりしたが，担任が親身になって話してくださるので親としても安心，最近は男の子とばかり遊んでいるらしい。父親とはぜんぜん会っていない。反抗期というか屁理屈を言い返してくる時もあるが，仲良く暮らしている」と，担任との関係が良好なことと母娘が仲良くしている様子を語っていた。

164   Ⅱ部　実証研究

Table 12.11　D児の母親と父親：小学 2 年時，6 歳時，4 歳児の育児肯定感と育児制約感
(M)

母親・父親 子ども	母親		父親	
	育児肯定感	育児制約感	育児肯定感	育児制約感
小学 2 年時	2.50 (3.15)	2.83 (2.09)	— (3.13)	— (1.83)
6 歳時	3.83 (3.15)	2.50 (2.17)	— (3.13)	— (1.84)
4 歳時	3.33 (3.09)	1.83 (2.15)	3.00 (3.10)	1.83 (1.90)

Table 12.12　D児の母親：小学 2 年時と 6 歳時の子どもや配偶者への愛情の要求，5 歳時の夫婦関係満足度
(M)

母親父親 子ども	母親			父親		
	子への 愛情の要求	夫への 愛情の要求	夫婦満足度	子への 愛情の要求	妻への 愛情の要求	夫婦満足度
小学 2 年時	55.00 (45.76)	12.00 (47.53)		— (40.27)	— (44.38)	
6 歳時	60.00 (46.24)	36.00 (48.60)		— (40.27)	— (45.24)	
5 歳時			73.00 (96.20)			— (102.50)

　D児の場合，統計的に有意味だとされた母親の先行要因の 5 個のうちの 4 個が，子どもの要因は 8 個のうち 5 個が，期待される方向で平均より高かった。知的な能力がかなり高いことと母親の子どもへの愛情の強さなどが，父親の要因を補っているのだろう。

12.3.5　事例 5：QOL-L 群の男児 E

　男児 E は，QOL 総得点が58.33（全国 2 年生69.96）で，53人のサンプル中の48番目であり，Figure 12.9のように凸凹が激しく，6 下位領域の身体的健康100.00と高く，精神的健康得点75.00，自尊感情得点0.00と著しく低く，家族得点31.25，友だち得点68.75，学校生活得点75.00であった。ところが，

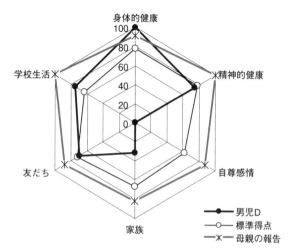

Figure 12.9　E児：QOLの6下位領域得点

親からみた子どものQOLは，身体的健康得点以外は本人により顕著に高く，いずれも全国平均よりも高かった。E児の家族は，両親で商売をしており，姉と妹の5人家族で，経済状態はやや苦しいと報告していた。

　Table 12.13のように，E児の学校適応得点は8と低く，あらすじ理解力は1で著しく低く，母子相互交渉の質（Withdrawal, Reject）も悪く，母親の言うことはまったく聞かず床に寝転び，関係ないことを勝手に話していた。その為もあり小学2年時の母子交渉場面から得られた認知能力はかなり低かった。

　人間関係についてFigure 12.10をみると，小学2年時の人間関係は，「Parent」の選択数が7と平均（6.85）だが，「Friend」の選択数は3と平均（4.94）より少なく，「Lone-wolf」の選択数は5と平均（0.67）より多く，Lone-wolf傾向が強くみられた。QOLの下位領域の自尊感情得点と家族得点の低さは，母親との関係の悪さ，学校適応度得点の低さ，家庭でも学校でもうまくいかずLone-wolf傾向と一致していた。

　次に，子ども自身の先行要因をTable 12.13にみると，3歳時の語彙理解

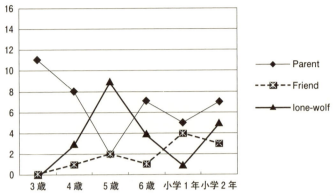

Figure 12.10　E児の3歳〜小学2年時のParent・Friend・Lone-wolfの選択数

Table 12.13　E児：小学2年時の学校適応，認知能力，母子交渉の質／3歳〜小学1年時の認知能力

小学2年時の学校適応，母子交渉場面における認知能力と母子交渉の質							3歳時	5歳時	小学1年時
学校適応度	課題達成能力	本読み能力	あらすじ理解力	内示的意味の理解力	母子交渉の質	語彙理解力	課題達成能力	語彙理解力
8	2	3	1	0	Withd.2	42	2	8
(9.72)	(3.74)	(3.77)	(8.75)	(2.32)	Miss.1	(38.10)	(2.18)	(12.41)
4−13	2−5	1−6	1−15	0−5	Rej.2	19−56	1−5	5−18

注：Tableのなかで，母子交渉の質のコードは，出現数のあったものを省略形（Miss-matching talk → Miss., Withdrawal → Withd.）で記載し，その後に出現回数を記した。（　）内は，本調査協力児の平均値，その下はレンジである

力は42で平均より高かったが，5歳時，小学1年時は低いことがわかった。Figure 12.10にみるように，人間関係では，「Parent」の選択数は年齢によって変化が著しく，「Friend」の選択数はいずれの時期もあまり多くはなく，「Lone-wolf」の選択数は4歳，5歳，6歳時でも多く選択され，4歳時から「Lone-wolf」傾向を明らかに示していた。小さい頃から人間関係がうまくいかず，母親との関係もよくなく，幼稚園や家庭でもあまり人間関係がよくなかったと推測される。

12章 事例研究 167

Table 12.14 E児の母親と父親：小学2年時，6歳時，4歳児の育児肯定感と育児制約感

(M)

母親・父親　　子ども	母親		父親	
	育児肯定感	育児制約感	育児肯定感	育児制約感
小学2年時	2.50(3.15)	3.00(2.09)	3.00(3.14)	2.17(1.83)
6歳時	2.67(3.15)	2.67(2.17)	3.33(3.13)	2.17(1.84)
4歳時	2.83(3.09)	2.83(2.15)	3.00(3.10)	2.50(1.90)

Table 12.15 E児の母親と父親：小学2年時と6歳時の子どもや配偶者への愛情の要求，5歳時の夫婦関係満足度

(M)

母親父親　　子ども	母親			父親		
	子への愛情の要求	夫への愛情の要求	夫婦満足度	子への愛情の要求	妻への愛情の要求	夫婦満足度
小学2年時	51.00(45.76)	60.00(47.53)		—(40.27)	—(44.38)	
6歳時	49.00(46.24)	60.00(48.60)		59.00(40.27)	49.00(45.24)	
5歳時			107.00(96.20)			101.00(102.50)

　次に，親の要因を検討してみると，Table 12.14のように，母親の育児に対する制約感は4歳時2.83，6歳時2.67と平均よりかなり高く，肯定感は4歳時2.83，6歳時2.67と平均より低かった。母親は子育てに対してポジティブではなかった。一方，父親の育児肯定感は4歳時3.00と6歳時3.33と平均前後であったが，育児制約感は4歳時2.50，6歳時と小学2年時2.17と母親同様に平均より高かった。

　またTable 12.15のように，母親の子どもへの愛情の要求は6歳時に49.00と平均より高かったが，父親の6歳時の子どもへの愛情の要求は59.00と平均よりかなり高かった。夫婦関係をTable 12.15にみると，母親の5歳時の夫婦関係満足度は107.00とかなり高く，6歳時の母親の夫への愛情の要求も

168　Ⅱ部　実証研究

60.00と満点であった。母親は子どもよりも夫に対する愛情の要求が強く，夫婦関係の満足度もよかった。一方，父親は小学2年時の報告はなく，6歳時には妻への愛情の要求は妻ほどではないが平均よりは高かったものの，子どもへの愛情の要求は満点近くあり，むしろ子どもに気持ちが向いているのかもしれない。E児の特徴は，2年時の自尊感情得点と友だち得点が顕著に低く，4歳時ころからの人間関係がよくない。このことが両親の育児制約感の高さにつながっているのかもしれない。

　小学2年時の個別面接で母親は「*父は厳しくしかるけど，仲良くお風呂にはいったりしている。(E児は) ムラがあって，こうしたらといってもいやだといったらきかない*」と母親としては子どもが扱いにくいことを訴えていた。

　E児の場合は，統計的に有意味とされた両親の先行要因9個のうち8個が期待される方向で平均より低く，両親の要因も低いものが多かった。子どもの先行要因は8個のうちの7個が期待される方向で平均より低く，子ども自身も低い要因が多かった。つまり，父親の愛情はみられ，子どもの3歳時の語彙理解力はよかったが，それ以外の要因はすべて平均よりも低かったことになる。Lone-wolf 傾向が強く，友だち関係と母子関係もよくないことは，E児の自尊感情が0点で，家族得点も本調査協力児の中で最も低いというQOL尺度の得点と一致していた。しかし，母親からみた子どものQOLはすべて高く，子どもの報告との認識のずれは顕著に大きい。原因には子どもの気質やパーソナリティの問題も考えられるが，母親が子どもの学校での状態を把握していないことも大きいのではないかと考えられる。

12.3.6　事例6：QOL-L 群の男児F

　男児Fは，QOL 総得点が58.33（標準得点＝69.96）で，Figure 12.11のように，6下位領域得点の身体的健康得点68.75，精神的健康得点は81.25，自尊感情得点は37.5，家族得点は68.75，友だち得点は50.00，学校生活得点は43.75であった。QOL 総得点は，前述の男児Dと同じであったが，家族得点

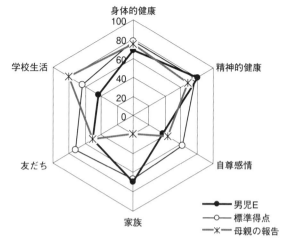

Figure 12.11　F児：QOLの6下位領域得点

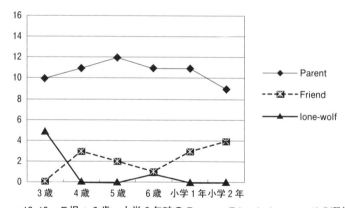

Figure 12.12　F児：3歳〜小学2年時のParent・Friend・Lone-wolfの選択数

は全国平均得点（66.68）よりは高く，母からみた子どものQOLは，家族得点と学校生活得点がまったく逆で，自尊感情得点は母子ともに標準得点より低かった。F児の家族は，父親（会社員），母親（無職），妹の4人家族で，経済状態は普通だと報告されていた。Table 12.16のように，本人の学校適応得点は9，あらすじ理解力は9と，どちらもほぼ平均で，母子相互交渉の

170　Ⅱ部　実証研究

Table 12.16　F児：小学2年時の学校適応，認知能力，母子交渉の質／3歳～小学1年時の認知能力

小学2年時の学校適応，母子交渉場面における認知能力と母子交渉の質						3歳時	5歳時	小学1年時
学校適応度	課題達成能力	本読み能力	あらすじ理解力	内示的意味の理解力	母子交渉の質	語彙理解力	課題達成能力	語彙理解力
9	3	3	9	2	Coll.1	43	2	16
(9.72)	(3.74)	(3.77)	(8.75)	(2.32)		(38.10)	(2.18)	(12.41)
4–13	2–5	1–6	1–15	0–5		19–56	1–5	5–18

注：Table のなかで，母子交渉の質のコードは，出現数のあったものを省略形（Collaborative talk → Coll.，）で記載し，その後に出現回数を記した。（　）内は，本調査協力児の平均値，その下はレンジである

質（Collaborative talk）は，子どもが母親に寄り添いながら課題をすすめていき，子どもは小学2年時としては幼くみえるが，母親は子どもの顔を見て笑いかけるなど温かい雰囲気であった。人間関係は，Figure 12.12のように，小学2年時の「Parent」の選択数は9，「Friend」の選択数は4で，「Lone-wolf」の選択数は0であった。

　次に，子どもの先行要因を Table 12.16をみると，3歳時の語彙理解力は43と平均よりはかなり高い。Figure 12.12にみるように，3歳時から小学1年時まで「Parent」の選択数が多く，「Friend」の選択数は少ない，3歳時では「Lone-wolf」傾向が強くみられ，その後はみられないが，友だちは多くはいない様子で，友だち得点や学校生活得点，自尊感情得点の低さからあまり学校では楽しくないのかもしれない。

　そこで，両親の要因を Table 12.17，Table 12.18，にみると，母親の4歳時と6歳時の育児肯定感は低く，制約感が高い。父親は4歳時の育児肯定感も低く，子どもへの愛情の要求は6歳時には顕著に低いことがわかった。

　夫婦関係は，母親は子どもが5歳時の夫婦関係満足度は極端に低かったが，6歳時の夫への愛情の要求はかなり高く，夫はあまり高くなく，バランスはよくない。母親は，子育てが大変だと感じながらも子どもに対して愛情を注

Table 12.17　F児の母親と父親：小学2年時，6歳時，4歳時の育児肯定感

母親・父親／子ども	母親		父親	
	育児肯定感	育児制約感	育児肯定感	育児制約感
小学2年時	－（3.15）	－（2.09）	－（3.14）	－（1.83）
6歳時	2.67（3.15）	3.00（2.17）	3.33（3.13）	2.17（1.84）
4歳時	2.17（3.09）	2.83（2.15）	2.83（3.10）	1.83（1.90）

Table 12.18　F児の母親と父親：小学2年時と6歳時の子どもや配偶者への愛情の要求，5歳時の夫婦関係満足度

母親父親／子ども	母親			父親		
	子への愛情の要求	夫への愛情の要求	夫婦満足度	子への愛情の要求	妻への愛情の要求	夫婦満足度
小学2年時	47.00（45.76）	51.00（47.53）		35.00（40.53）	－（44.38）	
6歳時	46.00（46.24）	52.00（40.27）		39.00（40.27）	41.00（45.24）	
5歳時			66.00（96.20）			101.00（102.50）

いでいるが，父親の要因が特に低いことが注目された。

　小学2年時の健康調査票に「*三歳時には自閉症を疑った*」「*小さい頃，おとなしく人の前では全くしゃべらない子ども*」であったと母親が報告しており，小学1年時の面接で「*友だちと仲良くしているのか心配*」と話し，小学2年時の面接では「*前よりは心配減ったが，…常にいっぱい心配がある*」と話していた。母親は，友だち関係のことをいつも心配している様子だった。

　F児の場合，両親の先行要因の統計的に有意味のあるとされた8個のうち6個が期待される方向で平均より低く，同様に子どもの先行要因の8個のうち5個が期待される方向で平均よりも低かった。平均より低い要因はE児と同じく多いが，母親は幼い頃から子育てには難しさを感じながらも受容しているので，母親との関係はよく，家族得点の高さにつながったのかもしれな

172　Ⅱ部　実証研究

い。しかし，父親の育児や子どもに対する気持ちは低く，友だちとの関係が
うまくできないことで，学校得点や友だち得点，自尊感情の低さにつながっ
ていると考えられる。

12.3.7　事例 7：QOL-L 群の男児 G

　男児 G は，QOL 総得点が52.08（標準得点＝69.96）で，本サンプルのなか
で下から 2 番目の得点であった。6 下位領域の身体的健康得点は68.75，精
神的健康得点は50.00，自尊感情得点は31.25，家族得点は50.00，友だち得
点は75.00，学校生活得点は37.50であった。Figure 12.13にみられるように，
自尊感情得点と学校生活得点が特に低かった。母親の回答はもらえなかった。
G 児の家族は，父親（自由業），母親（無職），妹の 4 人家族で，経済状態は
普通だと報告されていた。

　Table 12.19にみるように，本人の学校適応得点は 4，あらすじ理解力は
4 と，どちらも顕著に低く，本サンプル中最も低かった。これは，QOL の
学校生活得点の低さと一致しており，自尊感情も低く，学校であまり楽しく
ないことがうかがわれた。

　また，共同読書課題による母子相互交渉の質（Miss-matching talk, With-
drawal）は，母子の話しがかみ合わず，観察画面から消えるなど課題の遂行
が困難だった。木の気持ちを尋ねる場面で，子どもが関係ないユニークな答
えをしていると「そういう（木の気持ち考える）問題じゃ，ちょっと話が高度
すぎてわからないんです」と母親は話していた。しかし，パズル課題のとき
は，子どもは集中して夢中で取組み，あっという間に完成させていた。小学
2 年時の人間関係は Figure 12.14にみるように，「Parent」の選択数は 9，
「Friend」の選択数は 3 と少なかったが，「Lone-wolf」の選択数は 0 であっ
た。

　次に，子ども自身の先行要因を Table 12.19にみると，3 歳時の語彙理解
力は40と平均だが，5 歳時の課題達成能力は非常に高く，5 歳時でこのパズ

12章　事例研究　173

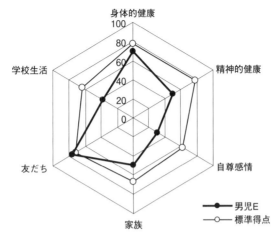

Figure 12.13　G児：QOLの6下位領域得点

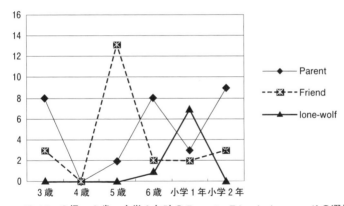

Figure 12.14　G児：3歳〜小学2年時のParent・Friend・Lone-wolfの選択数

ル課題を時間内に完成させたのはこの男児EとQOL-H群の女児Dの2人だけであった。3歳時と小学1年時の語彙理解力はほぼ平均なのに，パズル課題による課題達成能力は非常に優れていたので，小学2年時の時にみせた集中力の差は，母子関係によるものではないかもしれない。

　3歳時から小学1年時までの人間関係をFigure 12.14にみると「Parent」

174   II部　実証研究

Table 12.19　G児：小学2年時の学校適応，認知能力，母子交渉の質／3歳〜小学
　　　　　　　　1年時の認知能

小学2年時の学校適応，母子交渉場面における認知能力と母子交渉の質						3歳時	5歳時	小学1年時
学校適応度	課題達成能力	本読み能力	あらすじ理解力	内示的意味の理解力	母子交渉の質	語彙理解力	課題達成能力	語彙理解力
4	5	1	4	0	Con.1 Withd.	40	5	12
(9.72)	(3.74)	(3.77)	(8.75)	(2.32)		(38.10)	(2.18)	(12.41)
4−13	2−5	1−6	1−15	0−5		19−56	1−5	5−18

注：Table のなかで，母子交渉の質のコードは，出現数のあったものを省略形（Controlling
　　talk → Con., Withdrawal → Withd.）で記載し，その後に出現回数を記した。（　）内は，本
　　調査協力児の平均値，その下はレンジである

　の選択数と「Friend」の選択数の上がり下がりが激しく，小学1年時では
「Lone-wolf」傾向もみられた。

　G児の場合，統計的に有意味とされた子どもの先行要因の8個のうち5個
が期待される方向で平均より低く，パズル課題のような認知能力は高いが，
人間関係は不安定で友だちも少なく，小学2年時の学校で楽しくないことが
予測される結果だった。

　両親の質問紙の資料はなく，毎年必ず子どもをつれて調査に協力してくれ
ていたが，郵送調査に対する協力はなかった。そこで，小学1年時の面接調
査の記録をみると，父親の子どもをしかる時の様子を「怒って本棚の本を
（子どもに）なげつけていくので，みてられない」ことや子どもの落ち着きの
なさを3歳の頃から訴えていた。父親の子どもへの対応がよくないことがう
かがわれ，子どもの能力のアンバランスもあり，人間関係も不安定で，
QOL の低さを規定していると考えられる。

12.3.8　事例8：QOL-L 群の女児H

　女児H の QOL 総得点は48.96（標準得点＝69.96）で，本サンプルの QOL
が最低得点であった。Figure 12.15のように，6下位領域の精神的健康得点

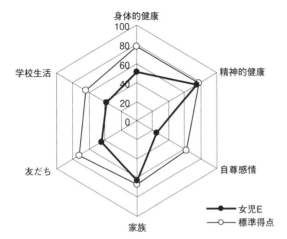

Figure 12.15　H児のQOLの6下位領域得点

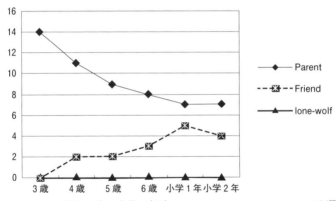

Figure 12.16　H児の3歳〜小学2年時のParent・Friend・Lone-wolfの選択数

と家族得点はほぼ全国2年生の平均であったが，身体的健康得点50.00，自尊感情得点25.00，友だち得点43.75，学校生活得点37.50は平均よりかなり低かった。特に自尊感情得点は著しく低く，全国平均の下位10％に入る。小学2年時の母親による子どものQOLの報告はなかった。H児の家族は，父（会社員），母（無職），兄の4人家族で，両親の学歴は高く，経済状態は

176　Ⅱ部　実証研究

Table 12.20　H児：小学2年時の学校適応，認知能力，母子交渉の質／3歳～小学1年時の認知能力

小学2年時の学校適応，母子交渉場面における認知能力と母子交渉の質						3歳時	5歳時	小学1年時
学校適応度	課題達成能力	本読み能力	あらすじ理解力	内示的意味の理解力	母子交渉の質	語彙理解力	課題達成能力	語彙理解力
7	5	4	11	3	Con.3	32	2	12
(9.72)	(3.74)	(3.77)	(8.75)	(2.32)		(38.10)	(2.18)	(12.41)
4～13	2～5	1～6	1～15	0～5		19～56	1～5	5～18

注：Table のなかで，母子交渉の質のコードは，出現数のあったものを省略形（Controlling talk → Con., Withdrawal → Withd.）で記載し，その後に出現回数を記した。（　）内は，本調査協力児の平均値，その下はレンジである

豊かだと報告していた。

　2年時の学校の様子を Table 12.20にみると，学校適応度得点は7.00と低く，QOL 得点と一致する。しかし，あらすじ理解力は11.00と高く，他の認知能力も平均より高かった。母子交渉の質（Controlling talk）は，母親が主導的であり，子どもは課題にまじめに取り組んでいるが，全ての所作がゆっくりで，本のあらすじも母親にうながされながら，母親が2，3文話すと子どもが1，2語答えるという様子だった。Figure 12.16のように，小学2年時の人間関係では，「Parent」の選択数は7とほぼ平均（6.85）で，「Friend」の選択数は4で平均（4.94）よりやや少ないが，「Lone-wolf」傾向はみられない。人間関係は平均的だが，学校適応度得点も低く，QOL の自尊感情得点が特に低く，友だち得点もあまり高くなく，認知能力は平均以上なのに学校でうまくいっていないことが予測される。自尊感情得点が低いことも問題である。

　子どもの先行要因を Table 12.20にみると，3歳時の語彙理解力は32と平均より低く，5歳時，小学1年時の認知能力もやや低かった。3歳からの人間関係を Figure 12.16にみると，「Parent」の選択数は年齢が上がるにつれ，選択数は減少し，「Friend」の選択数は年齢が上がるにつれ増加し，6歳で

12章　事例研究　177

Table 12.21　H児の母親と父親：小学2年時，6歳時，4歳時の育児肯定感と育児制約

(M)

母親・父親／子ども	母親		父親	
	育児肯定感	育児制約感	育児肯定感	育児制約感
小学2年時	3.50(3.15)	2.17(2.09)	2.33(3.14)	2.00(1.83)
6歳時	－ (3.15)	－ (2.17)	－ (3.13)	－ (1.84)
4歳時	3.00(3.09)	2.50(2.15)	2.83(3.10)	2.17(1.90)

は3回と平均（3.70）より少ないが小学1年時では増加し5回と平均（4.51）より多くなっている。

　次に，Table 12.21に，両親の要因をみると，母親の4歳時での育児制約感と育児肯定感は平均前後であった。6歳時の回答はなかった。父親の4歳時での育児制約感は平均よりやや高く肯定感も低かった。両親ともにあまりよくなかった。子どもが5歳時の夫婦関係満足度は両親ともに平均よりやや低く，6歳時からの回答はなかった。

　母親は，「兄は勉強ができるので手がかからない」，「（2年生になって）担任が代わり，宿題も増え，勉強の比重が大きくなった。（しなければならないことが多くて）時間がなくて，家に帰ってからはテレビを見る時間がない」と語り，きょうだいとの比較は他にも報告され，母親が子どもの勉強ができないことをかなり気にしている様子がみられた。

　H児の場合，統計的に有意味とされた両親の報告された先行要因の5個（本来は8個ある）のうち4個が平均より低く，同様に子どもの先行要因の8個のうち5個が期待される方向で平均より低かった。

　両親の調査資料が欠けているが，少ない資料からみられたのは，4歳時と小学2年時の育児制約感が高いことであり，母子交渉場面での本読み課題の得点は高かったが，母子交渉の質はControlling talkが指摘されていた。また，子どもに学校での様子をたずねたとき，勉強は嫌いと答えていたのも注目された。

178   II部   実証研究

12.4   討論

本章で検討した8つの事例において，適応の高い4つの事例において，8章，9章で得られた適応の差がみられた要因の得点が全て高いわけではなかった。しかし，適応の高さにつながる子ども自身の力や足りない要因を補う他の要因があった。ネガティブなライフイベントがある子どもでも，それをはね返すような子どもの力があり，母親や学校の先生などその周りの人たちの要因がプラスに働いている場合もみられた。これらの適応のよい4つの事例のひとりひとりの子どもを検討してみると，1つの要因が誰にでも効いているわけではなく，子ども自身の要因と親の要因のいくつかの要因が，補い合い複合的に子どもの適応を規定している様子がみられたのである。

しかし，適応の低い事例については，このような補うような要因が少なく，補い合うのではなく，よくない要因がまとまって適応の低さを規定しているのでないかと考えられた。一人の子どもについてみると子どもの要因のなかで平均よりも高い要因もあるが，小さい頃から両親の育児に対する制約感は高く，それがまた子どもに影響しているのかもしれないと考えられた。また，人間関係がよくないことも適応に影響していることがわかった。

以上のように，これらの事例からも，子どもの自身のもつ要因と親の要因のさまざまな要因が複合的に小学2年時の子どもの適応を規定していることが確かめられた。

12章のまとめ

本章では，前章までの分析で有意味とされた要因を中心に，ひとりひとりの子どもでは実際にはどのように子どもの適応を規定しているかを8つの事例を用いて検討した。

〈QOL 高得点群〉

　A児：QOL-H 群の最高得点の子どもは，有意味とされた子どもの要因の
　　　すべてがよく，母親の要因はかなり高く，父親の要因は平均以下のもの
　　　もあったが，それほど低い訳でなく子どもや母親の要因が充分補ってい
　　　たと考えられる。

　B児：2 番目に高得点の子どもは，子ども自身の要因は5/8とそれほど平
　　　均より高いわけではなく，両親の要因も5/9と平均より高い要因がそれ
　　　ほど多くはなかった。それほど低いわけでなく，父親の要因も高く，平
　　　均的によかった事例である。

　C児：QOL は高いが，母親との関係がよくなかった事例は，子どもの友
　　　だち関係が小さい頃からよく，父親の要因も高かく，母親の要因を充分
　　　補っていたと考えられる。

　D児：QOL は高いが父親の要因が低いといえる事例であったが，母親の
　　　要因はそれを埋め合わせるかのように高く，さらに子どもの知的な能力
　　　が著しく高いこともあり，補い合って適応の高さにつながっていた。

　以上の QOL-H 群の 4 つ事例から，有意味とされた要因の全てがそろって
いなくても，つまり，ある要因が欠如しても，子ども自身に力があったり，
別の要因で補ったりと，いくつかの要因が補い合って複合的に子どもの適応
の高さを規定していることが示された。

〈QOL 低得点群〉

　E児：QOL の下位領域の自尊感情得点が 0 点，家族得点も最も低かった
　　　子どもは，母親との関係がよくなく，母親は子どもの QOL を非常に高
　　　く見ており，認識のずれが大きかった。親の要因も子どもの要因も平均
　　　より低いものばかりだった。

　F児：QOL 得点は低かったが，家族得点は平均だった子どもの母親は子
　　　どもを受容している様子がみられたが，子どもの友だち関係がよくない
　　　のと父親の要因が低かったことが適応の低さに関わっていた。

180　Ⅱ部　実証研究

G児：QOL 得点の下から 2 番目の子どもは，下位領域の自尊感情得点，
　　学校生活得点が著しく低く，別の尺度である学校適応度得点も最も低か
　　ったので一致していたといえる。子どもの要因はパズル課題など顕著に
　　高い能力を見せているにもかかわらず，親の回答が得られず家庭におい
　　ても学校においても人間関係がうまくいかないことが推測され，QOL
　　の低さにつながっていると考えられる。
H児：QOL 得点の最も得点の低い子どもは，子どもの要因は極端に低い
　　わけではなかったが，両親ともに子育てに対するポジティブな気持ちが
　　低かった。
　以上の 4 つの QOL-L 群の 4 つの事例からは，統計的に有意味とされた要
因のうち適応の低さを示す要因の割合が高く，低い要因を補うほどの要因が
なく，複数の要因がまとまって適応の低さにつながっていたと考えられる。

研究 2 （7 章～12章）のまとめ

　研究 2 では，3 歳から小学 2 年生までの縦断研究によって集められた資料
を用いて，適応の規定要因を子どもの要因と親の要因から検討した。

1．本研究の協力者
　7 章でみたように，研究 2 で分析対象とした調査協力児53名（女児26名，
男児27名）の両親の学歴は高く，職業，経済状態からみて，平均から比較的
裕福な層といえる。

2．小学生版 QOL 尺度を用いた 2 年生時の適応
　研究 1 で検討した「小学生版 QOL 尺度」を小学 2 年時に実施して，その
QOL 総得点によって QOL の高／中／低の 3 群（QOL-H 群16名，QOL-M 群24
名，QOL-L 群13名）を特定した。次に，この QOL 3 群が小学 2 年時の子ども

の学校生活においてその差を明らかにしているかを検討した。QOL 3 群の識別が明らかになったのは、小学 2 年時の学校適応度得点、本のあらすじ理解力、母子交渉の質「Withdrawal」、人間関係の「Friend」と「Lone-wolf」の選択数であった。また、親からみた子どもの QOL と子どもの報告とのずれは QOL-L 群が大きかった。小学 2 年時での親の要因で、QOL 3 群の識別が明らかになったのは、父親の子どもの愛情の要求と妻への愛情の要求、母親の夫への愛情の要求であった。

3．2年時の適応の質を識別する先行要因の検討

　3 歳時から小学 1 年時までの縦断資料から親と子どもの先行要因について、QOL 3 群の差異を明らかにするかを検討した。その結果、母親の要因では 6 歳時の育児制約感、4 歳時の育児制約感、父親の要因では 4 歳時の育児制約感、子ども自身の要因では 3 歳時の語彙理解能力、6 歳時の人間関係「Friend」の選択数、小学 1 年時の人間関係「Friend」の選択数の変数が、QOL 3 群の差異を有意味に説明した。

　さらに、要因をまとめて判別分析によって検討したところ、QOL 3 群をより強く識別していたのは、親の要因の 7 変数（①4 歳時の母親の育児肯定感、②4 歳時の母親の育児制約感、③4 歳時の父親の育児肯定感、④5 歳時の母親の夫婦関係満足感、⑤6 歳時の母親の育児肯定感、⑥6 歳時の父親の育児肯定感、⑦6 歳時の父親の子どもへの愛情の要求）と子どもの要因の 3 変数（⑧3 歳時の語彙理解能力、⑨5 歳時の「Friend」の選択数、⑩6 歳時の「Friend」の選択数）10 変数を組み合わせたときであった。つまり、これらの子どもの要因と親の要因の複数の変数がまとまって、子どもの適応をより強く規定していることが示唆された。

4．事例による検討

　最後に、ひとりの子どものなかで、有意味とされたいくつかの要因がどの

ように作用して適応を規定しているのか，QOL-H 群から 4 名，QOL-L 群
から 4 名の計 8 名の事例を用いて検討した。これらの事例において，有意味
とされた要因の全てがそろっていなくても，つまり，ある要因が欠如しても，
子ども自身に力があったり，別の要因が補ったりしていることが示唆され，
複数の要因が補い合って，複合的に作用して子どもの適応の高さを規定して
いることが示された。

Ⅲ部　討　論

13章　結果の概要

　本論文では，適応を①環境との調整が出来ている状態であり，かつ②それを本人が満足している状態と定義し，子どもの適応をドイツで開発されたQOL尺度（Ravens & Bullinger, 1998-2000）によってとらえることにした。そこで，このQOL尺度をわが国で使えるように検討し，子どもの適応を自己報告によってとらえることにした。次に，この尺度を縦断研究の小学2年時に用いて，小学2年時の適応を規定する要因を検討したものである。以下に，研究結果を中心にまとめる。

研究1：小学生におけるQOLの測定

　わが国でも，子どものQOL尺度のニーズはあるものの信頼性，妥当性のある子ども自身の報告による尺度は，その時点で筆者の知る限りなかった。そこで，Kid-KINDL^R（Bullinger & Ravens, 1998-2000）を翻訳して日本語版を作成し，「小学生版QOL尺度」として，わが国で使用できるかどうかを検討したところ，その信頼性と妥当性が示され，全国の標準的な値も得られた。

1．「小学生版QOL尺度」の信頼性と妥当性
　東京都内の1公立小学校の1年〜6年生の417名（女児197名，男児220名）を調査協力者として「小学生版QOL尺度」の質問紙調査を行った。内的整合性を示すCronbachのα係数と再テスト法によって信頼性が示された。また，QOL得点と自尊感情尺度とは正の，子どものうつ尺度とは負の有意な相関が見出され，どちらも理論的に期待する方向での関連性が示され，尺度の妥当性が得られた。さらに，心身の健康状態の異なる3群（健康群，疾患

群, 相談室群) の弁別可能性を検討したところ, 予想された弁別力が示された。

2. 低学年 (小学1, 2年生) の妥当性の検討

上記のうちの1公立小学校において185名の小学1, 2年生 (男児102名, 女児83名) 個別の面接調査によって妥当性を検討した。その結果, 1年と2年生においても, QOL得点は子どものうつ尺度と負の, 自尊感情尺度とは正の有意な相関が得られ, 理論的に期待される方向での関連性が示された。

3. QOL尺度の標準値

QOL尺度の標準値をだすために, 2003年11月, 12月, 2004年2月, 2004年6月, 7月に, 調査協力者, 調査時期, 調査地域, 調査校の拡大をはかり, 首都圏4校, 市部3校, 郡部12校の計19校に調査を依頼し, 小学生2年～6年生の首都圏計2005名 (男児1047名, 女児958名), 市部計1354名 (男児666名, 女児688名), 町村部計1248名 (男児635名, 613名), 合計4607名になった。この中の病気はないと答えた健康群3702名を分析対象者とした。首都圏計1563名 (男児804名, 女児759名), 市部計1102名 (男児543名, 女児559名), 町村部計1037名 (男児521名, 516名) である。そこで, 首都圏・都市部・町村部の地域差を検討したところ, QOL総得点には地域差がみられなかった。原尺度と同様に, 0～100に換算したQOL総得点と6下位領域の得点を算出したところ, 自尊感情得点と他の得点と差が著しく大きかったので, Z得点による標準得点を出すのは適当ではないと判断した。QOL総得点のみパーセンタイル値を算出し, 各得点の平均値を全国の標準とした。学年ごとの得点を算出できたので, このうちの小学2年生の標準値を研究2で使用した。

4. 「親による子どものQOL尺度」の信頼性

親から見た子どもの適応状態をみるための「親による子どものQOL尺

186　Ⅲ部　討　論

度」は，Bullinger & Ravens の Parent Version である。「小学生版 QOL 尺度」と同じ内容を親にたずねるものである。これを翻訳し，公立小学校の児童とその保護者に調査の協力を依頼し，子どもと親がペアの回答であると特定できた422組を分析とした。内的整合性を推定する Cronbach の α 係数は充分に高い値であったが，QOL 得点の親と子どもの相関係数は低かった。

研究 2：縦断研究による小学生の適応とその規定要因の検討

　研究 1 で確認された「小学生版 QOL 尺度」ならびに「親による子どもの QOL 尺度」を，縦断研究（3 歳〜小学 2 年生）の小学 2 年時に用いて，2 年生時の子どもの適応がどのようなものであるか，また適応をもたらしたと考えられる規定要因を，両親の要因と子どもの先行要因について検討した。

1．小学 2 年時の適応について

　「小学生版 QOL 尺度」の得点によって小学 2 年生の調査協力者53名を QOL の程度によって高中低の 3 群（QOL-High 群16名，QOL-Middle 群24名，QOL-Low 群13名）に分けた。まず，同時期の学校，家庭での適応についての諸尺度は，この QOL 3 群について明らかに差があることを示した。Table 13.1 にまとめたように，学校適応度得点，認知能力の 1 つである本のあらすじ理解力，母子交渉の質，人間関係をみる「Friend」の選択数，一人でいいなど他人にあまり関心を示さない孤立傾向を示す「Lone-wolf」の選択数において，QOL の 3 群の差異が見出された。すなわち，QOL-H 群は QOL-L 群に比べて学校での適応がよく，認知能力も高く，母子交渉の質もよく，人間関係では友だちを多く選ぶというように適応がよい事が明らかだった。一方，QOL-L 群では，「Lone-wolf」傾向がみられ，人間関係における適応がよくなかった。また，Table 13.2 にみるように，母親からみた子どもの QOL と子ども自身の QOL 報告とのずれは QOL-L 群で大きく，しか

Table 13.1　QOL 3 群の差がみられた小学 2 年時の子どもの状態

調査時期	調査協力者	要因	変数	QOL 3 群の差
小学 2 年時	子ども	学校適応	学校適応得点	QOL-H 群＞QOL-M 群*＞QOL-L 群**
小学 2 年時	子ども	認知能力	本のあらすじ理解力	QOL-H 群＞QOL-L 群*
小学 2 年時	子ども	母子交渉	母子交渉の質「Withdrawal」	QOL-H 群＜QOL-L 群
小学 2 年時	子ども	人間関係	「Friend」の選択数	QOL-H 群＞QOL-L 群*
小学 2 年時	子ども		「Lone-wolf」の選択数	QOL-H 群，QOL-M 群＜QOL-L 群*

$^*p<.05,\ ^\dagger p<.10$

Table 13.2　QOL 3 群の差がみられた母子の QOL 得点のずれ

調査時期	調査協力者	要因	変数	QOL 3 群の差
小学 2 年時	母親子ども	認識のずれ	母親による子どもの QOL 得点と子どもの報告とのずれ	QOL-M 群＜QOL-L 群*

$^*p<.05$

Table 13.3　QOL 3 群の差がみられた小学 2 年時の親の要因

調査時期	調査協力者	要因	変数	QOL 3 群の差
小学 2 年時	父親	愛情の要求	子どもへの愛情の要求	QOL-H 群＞QOL-L 群† QOL-M 群＞QOL-L 群*
小学 2 年時	父親	愛情の要求	妻への愛情の要求	QOL-H 群＞QOL-L 群†
小学 2 年時	母親	愛情の要求	夫への愛情の要求	QOL-H 群＜QOL-L 群†

$p<.05,\ ^\dagger p<.10$

も子どもよりも高いことが特徴であった。そして，Table 13.3 にまとめたように，小学 2 年時の親の要因で 3 群の差異が明らかだったのは，父親の子どもへの愛情の要求と妻への愛情の要求であり，QOL-H 群が QOL-L 群より高かった。一方，小学 2 年時の母親の夫への愛情の要求は，QOL-L 群がQOL-H 群より高かった。つまり，適応のよい子どもの父親は，小学 2 年時

188　Ⅲ部　討　論

の子どもにも妻にも愛情を強く向けていたのに対し，母親では，適応の低い
子どもの母親ほど夫に対する愛情の要求が強かったことになる。しかし，夫
婦関係満足度は子どもの適応とは無関係であった。

2．適応を規定する両親の要因と子ども自身の要因

　次に，2年時の適応を規定する要因として，このQOL 3群における親と
子どもの先行要因の差異を分析したところ，3群の差が見られた要因をTa-
ble 13.4にまとめた。

　まず，両親の要因では，母親は子どもが4歳時，6歳時のとき，父親は子
どもの4歳時のときの育児制約感に差がみられた。すなわち，子どもが小さ
い時期に感じた両親の育児制約感が，子どもの適応を規定していることがわ
かった。さらに，Table 13.5にみるように，子ども自身の要因では，人間関
係において6歳時，小学1年時の「Friend」を選択する数がQOL-H群の方
がQOL-L群より多かった。つまり，6歳時からは友だちの数が多いことが
2年時の適応と関連していた。

Table 13.4　QOL 3群の差がみられた親の先行要因

調査時期	調査協力者	要因	変数	QOL 3群の差
4歳時	母親	育児感	育児制約感	QOL-M群＜QOL-L群*
6歳時	母親	育児感	育児制約感	QOL-M群＜QOL-L群*
4歳時	父親	育児感	育児制約感	QOL-H群＜QOL-L群†

$p<.05$, †$p<.10$

Table 13.5　QOL 3群の差がみられた子どもの先行要因

調査時期	調査協力者	要因	変数	QOL 3群の差
6歳時	子ども	人間関係	「Friend」の選択数	QOL-H群＞QOL-L群*
小学1年時	子ども	人間関係	「Friend」の選択数	QOL-H群＞QOL-L群*

*$p<.05$

13章　結果の概要　　189

Table 13.6　子どもと親の先行要因から選択された10の説明変数

親の先行要因		子どもの先行要因
母親	父親	子ども
4歳時の育児肯定感	4歳時の育児肯定感	3歳時の語彙理解力
4歳時の育児制約感	6歳時の育児肯定感	5歳時のFriendの選択数
5歳時の夫婦関係満足度	6歳時の子どもへの愛情の要求	6歳時のFriendの選択数
6歳時の育児肯定感		

3．適応を規定する先行要因の複合的作用

　今まで適応を規定する個々の要因について検討してきたが，これらの親の要因と子どもの要因をまとめてどのような要因が3群の差異を識別するかを判別分析によって確かめた。その結果，親の要因と子どもの要因を別々に確かめた判別力よりも，親の要因と子どもの要因を一緒にしたほうが判別力は高かった。すなわち，Table 13.6にみるように，両親の要因の7変数の（母親の①4歳時の育児肯定感，②4歳時の育児制約感，③5歳時の夫婦関係満足感，④6歳時の育児肯定感，父親の⑤4歳時の育児肯定感，⑥6歳時の育児肯定感，⑦6歳時の子どもへの愛情要求感）と子どもの要因の3変数（⑧子どもの3歳時の語彙理解力，人間関係の⑨5歳時のFriendの選択数，⑩6歳時のFriendの選択数）とが選択され，これらの10変数によってQOL 3群の80.0%が識別された。これによって，子どもの要因と親の要因が複合的に子どもの適応に作用しているという仮説が支持された。

4．事例研究

　子どものQOL得点が高いQOL-H群から女児4名，逆に得点が低いQOL-L群から男児3名，女児1名の計8名について，8〜11章で明らかにされた適応と先行要因の関係が，それぞれの子どもでは，どのようにあらわされているかについて確かめた。

　事例ごとに分析した変数を提示し，そのなかで有意味とされた変数を中心

にプロフィールを検討した。その結果，8〜11章で統計的に適応の差が見られた要因は一人の子ども中でも有意味であった。しかし，興味深いことに，有意味とされた変数が，適応の高さをあらわしてはいたが，1つの要因が誰にでも同じように効いているわけではなかった。つまり，1つの要因がよくなくても他がそれを補うような形で適応を規定していることが示され，子ども自身の要因と親の要因が複合的に子どもの適応を規定している様子が明らかになった。

14章 総括的討論

14.1 小学校低学年の適応とその測定

　研究1でみてきたように「小学生版 QOL 尺度」は，小学2年生でも充分使えることが分かった。本研究では子どもの適応を，単に①環境との調整が取れている状態であるにとどまらず，それを②本人が満足しているか否かが重要であるとして，この定義にあう QOL 概念でとらえるため，Kid-KINDL[R]のQOL尺度を使用することにした。本論文では，この尺度が小学校低学年からの子どもの適応をみる測定具としてすぐれていることを示した。

　Bullinger（1994）は QOL を研究するためには，測定できる手段の作成が必要であると主張し，子どもが自己報告できる QOL 尺度の開発をした。本研究では，この尺度によって，子どもの適応という漠然とした概念を子どもの QOL としてとらえることができ，本論文の主要なテーマである子どもの適応の規定要因に関する研究が可能になった。この尺度の特長は主に次の2点にまとめられる。

14.1.1 子どもの自己報告であること

　「小学生版 QOL 尺度」は，子どもの自己報告であるという特徴がある。Bullinger の研究でも，わが国の先行研究（根本ら，2005）でも，本論文の結果でも，子どもの報告と親の報告の一致度は低かった。しかも，興味深いことに QOL-H 群では親が子どもより QOL 得点を低く評価しているのに対し，QOL-L 群では親の評価が子どもより高く，子どもとのずれが大きいことが注目された。Bullinger（1994）の主張のように子ども自身の報告であること

が重要であるといえよう。また，この尺度は生活に即した内容で，簡便であるからこそ，小学校低学年でも子ども自身の報告をとることができるのである。

14.1.2　下位尺度があること

「小学生版 QOL 尺度」の合計得点である QOL 総得点は，身体的健康，精神的健康，自尊感情，家族，友だち，学校生活の6つの下位領域から構成され，多面的に適応をみられることが重要である。Bullinger（1994）は，QOLの構成要素は密接な相関関係にあるため，下位項目を厳密に区分することは難しいとしながらも，6つの下位領域に分けた。このことで，漠然と QOLが低いということではなく，領域ごとの得点を算出でき，得点の低い領域を特定できるようになった。また，子どもの不適応は，不定愁訴のかたちで身体症状にでることが多く（柴田，2004），慢性疾患であるアレルギー疾患の身体症状が改善されると不登校の改善につながる（松嵜・大矢・赤澤・古荘・飯倉，2001）こともあり，身体的健康と適応の関連が大きいので，この尺度の6下位領域の中に，身体的健康が含まれている意義も大きいであろう。

さらに，この下位尺度のなかで，注目したのは，自尊感情であった。本研究結果でも適応の低い子どもたちのほとんどが自尊感情得点は極端に低い得点を示し，学校での適応得点と下位領域のなかで最も相関が高く，学校での適応と最も密接に関連していた。

14.2　ソーシャル・ネットワーク理論と子どもの適応

Bowlby の愛着理論（Bowlby, 1969, 1973, 1980）をより広く解釈した後の発達心理学者らは，乳児期の主に母親との特別な関係によってできた内的作業モデルが後の発達に長期にわたって影響を及ぼすという発達の連続性を主張している（Main, 1999; Main et al., 1985; Sroufe, et al., 2005）。それに対して，ソー

シャル・ネットワーク理論は，初期の発達における母親の役割は重要であるとしながらも，人間は同時に数人の重要な他者とかかわりを持っていること，人間関係の枠組みには個人差があること，さらに人間関係の連続性においてもむしろ発達の弾力性を認めているのである（Lewis & Takahashi, 2005；高橋, 2007；Takahashi, 1974, 1990, 2004; Antonucci, 1976; Kahn & Antonucci, 1980; Lewis, 1982, 1984; Lang & Carstensen, 1994）。

　本論文では，子どもにとって重要な複数の他者との関係を扱うソーシャル・ネットワーク理論の立場から，3歳〜小学2年時までPART（Picture Affective Relationships Test；絵画愛情関係テスト）（高橋，1978〜2000）を用いて子どもの人間関係を測定し，子どもの適応との関連をみた。その結果，子どもの人間関係において両親を選択する数は年齢とともにやや減少するものの小学2年時でも15枚のカードにおいて平均6.5回の「Parent」を選択し，それは6歳時，小学1年時とほとんど同様であった。そして親の選択数は，適応の差とは関連していなかった。つまり，少なくとも幼児から小学校低学年においては，親でしか支えられない機能があり，それについては適応の差とは無関係だということであろう。

　しかし，「Friend」の選択数については6歳時，小学1年時，小学2年時において，適応のよい子どもの友だちの選択数は着実に増えていた。これは，家庭から幼稚園，そして学校へと子どもの生活が広がる時期に，適応のよい子どもの人間関係は拡大していたことが明らかに示されたと考えられる。

　また，「ひとりでいい」「だれでもいい」など他人にあまり関心を示さない傾向である「Lone-wolf」の選択数は，「Parent」や「Friend」と異なり，もともと少なく，本研究の結果では適応のよい子どもは小学校に入るとほとんど0に近くなっていた。しかし，QOL-L群の子どもでは小学2年時で1.9回になり，むしろ増加していた。このLone-wolf傾向を示す子どもの適応の程度は低く，この点は先行研究を支持するものであった（井上・高橋，2000；Takahashi, 2001）。

194　Ⅲ部　討　論

小学 2 年時の子どもの適応と関わる人間関係について，母子という二者関係からのみ論じるのではなく，子どもの人間関係をネットワークのなかでみた意義は大きかったといえる。

14.3　適応に関わるさまざまな要因

本論文では，小学 2 年時の子どもの適応を目的変数として，それを3.6歳からの縦断調査における多様な要因で説明できるかを検討してみた。つまり，親の要因22個と子ども自身のもつ先行要因 8 個を取り上げ検討してきた。個々の要因について検討したなかで，適応の差を説明したのは，両親の 4 歳時の育児制約感であり，適応の低い子どもの両親ほど高かった。母親では，子どもが 4 歳時のときだけでなく，6 歳時のときも，適応の低い子どもの母親の制約感は高かった。また，子どもの先行要因では，6 歳児と小学 1 年時の人間関係の枠組みに友だちを選択する数が，適応のよい子どもほど多く，認知能力においては，差はみられなかった。そこでさらに，要因ごとにまとめて判別分析をおこなったところ，親の要因だけよりも子どもの要因だけよりも，これらを合わせた複数の要因が QOL 3 群をもっとも明らかに識別していることがわかった。母親の育児肯定感と制約感，夫婦関係満足度，父親の育児肯定感，子どもへの愛情の要求の変数であり，子どもの要因では「Friend」の選択数だけでなく 3 歳時の語彙理解力を含む，これらの変数をまとめたときがもっとも強く，適応の差を明らかにしていたのである。つまり，1 つの要因だけ見ていてもわからないが，多くの要因を同時にみたことによって，その中で特に注目すべき要因が浮かび上がったといえる。

この統計的に有意味とされた要因が一人の子どもではどのように反映されているかを事例研究において検討したところ，適応がよいとされる QOL-H 群の子どもでもこれらの要因の全てがよいわけではなかった。例えば，QOL 総得点の高い子どものなかに，母親との関係がよくない子どもがいた

し，逆に父親の姿がみえない子どももいた。前者は，小さい頃から友だちが多く人間関係がよかったことが推測され，さらに父親の子どもに向ける愛情が強いなど父子関係のよさがみられた。後者は子どもの認知能力がかなり高いことや父親の不在を埋めるかのように母親が子どもへの強い愛情の要求を向けていた。このように，ある要因が欠如していても，子ども自身の能力や別の要因が補っていることも示唆されたのである。

　本論文では，母親の要因，父親の要因，子ども自身の要因のさまざまな要因が年数を超えて，しかも補うあうこともあって複合的に作用していることが明らかになった。しかし，強力に適応と関連すると見出された要因は多くはなく，特定の要因がどの子どもにも必ず効くというような強いものではなかった。むしろ多くの要因が複合的に効いて子どもの適応を規定していたわけだが，これは，本論文のサンプルの特徴として親の階層が比較的よく，子どもの発達も相対的によい同質に近いサンプルであったことによることは否めない。今後の検討課題である。

14.4　子どもの適応と認知能力

　事例のなかには，認知能力の高さが他の要因とともに適応のよさに影響していると思える場合もあったが，3歳時から小学2年時のなかで，認知能力について3群の差がみられたのは小学2年時のあらすじ理解力と3歳時の語彙理解力の変数が判別分析で3群をもっとも識別するとされた10変数のなかに入っていただけだった。一般的には，小学校に入り，学習場面が出てきたことで，子どもの適応には子どもの認知能力が重要な要因となることが考えられるが，この結果からは，少なくとも小学校の2年生では認知能力が子どもの適応の強力な要因とはいえなかった。

　QOLには学校適応度得点でみた勉強が好きか，好きな科目や好きな先生をあげるなど学校での生活や勉強などが関与していることは明らかであった

196   Ⅲ部　討　論

Table 14.1　QOL 尺度得点と「勉強が好き」と「成績がいい」の相関係数　n＝53

	QOL 総得点	身体的 健康	精神的 健康	自尊 感情	家族	友だち	学校 生活	「勉強が 好き」
「勉強が 好き」	.66**	.36**	.30*	.55**	.40**	.46**	.50**	1
「成績が いい」	.22	.04	.21	.24	.09	− .07	.29*	.11

$**p<.01,\ *p<.05$

が，Table 14.1 にみるように，学校適応度の下位項目である「成績はクラスの友達と比べてできるほうか」という質問に対して「自分の成績はよくできるほう」と認識していること（便宜的に「成績がいい」と称する）とは QOL 総得点とは有意な相関はみられず，QOL の下位領域の学校生活得点のみに弱い相関しかみられなかった。しかし，「勉強が好きかどうか」の項目は，QOL 総得点，下位尺度の自尊感情得点，友だち得点，学校生活得点との間に比較的強い相関が見られた。「成績がいい」と「勉強が好き」の二つの間には相関は見られず，つまり小学 2 年時にとって「成績がいい」と認識していることよりも，「勉強が好き」であると思っていることのほうが適応に影響しているといえた。本論文では取り上げていないが，親の報告による子どもの成績も子どもの適応とはあまり関連していなかった。これらの結果は，波多野の子どもの知的好奇心を大事にする楽しい授業のすすめを思い起こさせ（波多野・稲垣, 1973），この「勉強が好き」であると思うことは，内的動機付けの学習に内在する喜び（稲垣, 1984；稲垣・波多野, 1989）の基になるものだと考えられる。子どもの周りの大人たちは「成績がいい」という成果に注目しがちだが，この時期の子どもたちが「勉強は好き」と思って取り組めることこそがもっとも大事であろう。少なくとも小学 2 年時の子どもの適応には能力そのものよりも情動的なものが関連していることが示唆されたのである。

14.5 子どもの適応と父親

　本研究の結果では，9章で親の要因を個別に検討したときも，11章で親の要因と子どもの先行要因をまとめて検討したときも，父親の要因が子どもの適応に関わるとされた。父親が，今現在（小学2年時，6歳時）子どもへ愛情を注いでいるかどうかと，幼い頃（4歳時，6歳時）の子育てへの負担感や制約感は，子どもの適応のよさと関連していた。また，興味深いことに，父親の場合，子どもへの愛情が強いことと妻への愛情が強いことが子どもの適応に関わっていた。これは，父親が子どもや妻に愛情を注いでいることは家庭そのものを大事にしていることを意味しているのだろう。

　本研究で母親の要因と父親の要因を同時に検討したとで，子どもの適応を規定するのは母親ばかりでなく父親との関係も重要であることが示された。小学1，2年時の子どもと両親を調査協力者とした父親の協力的関わりが母親の精神的ストレスを軽減し，子どもの発達・適応に影響をもたらすという研究など父親の子育てに関する研究も近年ようやくみられるようになった（e.g., 大野・柏木, 1997；尾形, 2003）が，ライフワーク・バランスが注目されるなか発達研究において子育てにおける父親の存在（e.g., 柏木, 2008；大野・柏木, 2011）は以前にもまして注目される必要があるだろう。

14.6 子どもの適応と育児制約感

　親の要因のうち，適応にとってもっとも強いリスク要因とみられたのは子どもが4歳時の母親の育児制約感であり，同時に父親の育児制約感についても適応の差が明らかであった。適応の低い子どもの両親は子どもが小さい頃から子育てに制約的な気持ちをもっていた。これは，子ども自身の問題ももちろん考えられるが，両親の子どもに対する価値観，あるいは父親の育児家

198   Ⅲ部　討　論

事の参加度，夫婦関係などによっても異なると予想される。父親の協力が得
られれば，母親のストレスも緩和され，夫婦関係の満足感も上がり，子ども
の適応もいいであろうと思われるが，そう簡単にはいかない。なぜなら，本
論文の結果では，適応の低い子どもの母親の夫婦関係の満足度が高く，それ
は夫への愛情の要求が強いこととも一致していたのである。これは，母親と
父親をそれぞれの子どもに対する価値観や個人化志向など（柏木，2003；永久，
柏木，2000）も関連し，今後より多面的に検討を加えていかなければいけな
い問題であろう。

14.7　本調査協力児の特徴

　Sroufe ら（Sroufe, et al. 2005）のミネソタ大学における30年にも及ぶ愛着を
中心においた縦断研究は，乳児期の愛着の質には後の問題行動の予測性があ
ることを示したが，この調査は，低所得層の家庭を対象にしたいわゆる"リ
スクサンプル"であった。また，アメリカの NICHD（National Institute of
Child Health and Human Development：国立小児保健人間発達研究所）は，全米に
100以上の研究拠点をおくという国家的な規模で，英語が話せることを条件
にはしているもののさまざまな民族・人種で構成し，多様な属性をもったサ
ンプルを意図的に入れた縦断研究であった。
　一方，本論文の研究2の調査協力者は，すでに7章で述べたように，親の
学歴も日本人の平均からみれば高く，父親の職業も比較的恵まれた家庭の親
子であった。毎年，前回の調査から顕著なライフイベントの有無をたずねて
いるが，3歳〜小2までの調査中，5歳時に両親が別居と記載された1名以
外に，深刻なライフイベントがあった事例は見られなかった。また，子ども
の知的な能力も比較的高く，小学1年時に実施した認知能力を測定する
PVT（語彙理解力）の評価点では，本調査協力児の平均は中の上であった。
つまり，このサンプルは経済的にやや豊かな比較的に同質のサンプルといえ

る。

　縦断研究は，時間と労力がいるが，子どもの発達がどのように変容していくのか，発達の連続性があるのかなど発達そのものをとらえようとした時には最も有効な方法の一つである。しかし一方で，縦断であるが故に，長期に研究に協力していることの影響，調査を繰り返されることの影響，例えば協力してくれることによる調査協力者自身の変化なども抜きには考えられない。今後この影響を見るには，平行したコホートの研究が必要であることはいうまでもない。これは今後の課題でもある。

14.8　今後の課題

　本研究は，子どもの適応が子どもを取り巻くさまざまな要因の上に成り立つと考え，IMS 縦断研究のデータの一部を分析したものである。QOL 尺度を使って小学 2 年時の適応を測定し，この適応を規定する要因を親の要因と子どもの要因から検討してきた。しかし，やり残している課題も多い。

　本論文では，子どもの気質やパーソナリティの問題をとりあげていない。IMS 縦断研究では，母親の面接調査によって子どもの誕生時から資料があり，これらの要因についても分析可能である。親の制約感が強く，母子交渉がうまくいっていない子どもの場合，子どもが持っている "育てにくさ" や，母親，父親との相性などの気質的な問題が考えられるだろう。これが，親の養育行動にも影響を与えていると予測され，その親の養育行動が後続の子どもの適応に関わると考えられる。今後は，子どもの気質やパーソナリティについても分析を加える必要がある。

　以上のように，今回は論文のテーマをしぼり，IMS 縦断研究の一部の分析にとどまっている。発達の連続性，ジェンダーの問題，子育てに影響する親の価値観の問題などの分析はこれからである。残されている資料を用いることによって，本論文のテーマをさらに掘り下げていきたいと考える。

文　　献

Aaronson, N. K. (1990). Quality of life: what is it? How should it be measured? *Oncology*, **2**, 69-74.

Aaronson, N. K., Bullinger, M., & Ahmedzai, S. (1988). A modular approach to quality-of-life assessment in cancer clinical trials. *Recent Results in Cancer Research*, **111**, 232-249.

阿部彩 (2008). 子どもの貧困－日本の不公平を考える　岩波新書　pp. 212-216.

Achenbach, T. M. (1986). *Manual for the Teacher's Report Form and Teacher Version of the Child Behavior Profile*. Burligton: University of Vermount, Department of Psychiatry.

Achenbach, T. M. (1991a). *Manual for the Child Behavior Checklist/4-18 and 1991 Profile*. Burligton, VT: University of Vermount, Department of Psychiatry.

Achenbach, T. M. (1991b). *Manual for the Teacher's Report Form and 1991 Profile*. Burligton, VT: University of Vermount, Department of Psychiatry.

Achenbach, T. M. (1991c). *Manual for the Youth Self-Report and 1991 Profile*. Burligton, VT: University of Vermount, Department of Psychiatry.

Achenbach, T. M., & Edelbrock, C. S. (1978). The classification of child psychopathology: A review and analysis of empirical efforts. *Psychological Bulletin*, **85**, 175-1301.

Achenbach, T. M., & Ruffle, T. M. (2000). The Child Behavior Checklist and related forms for assessing behavior/Emotional problems and competencies, *Pediatrics in Review*, **21**, 265-271.

Ainsworth, M. D. S., Blehar, M.C., Waters, E., & Wall, S. (1978). *Patterns of attachment: A psychological study of the Strange Situation*. Hillsdale, NJ: Erlbaum.

Antonucci, T. C. (1976). Attachment: A life-span concept. *Human Development*, **19**, 135-142.

Antonucci, T. C. (1985). Personal characteristics, social support, and social behavior. In R. H. Binstock, & E. Shanas (Eds.), *Handbook of aging and the social sciences* (Ed. 2). New York: von Nostrand Reinhold. pp. 94-128.

Antonucci, T. C. (1986). Social support network: A hierarchical mapping technique.

202 文　献

Generations, **10**, 10-12.

東洋・柏木恵子（1980）．「母親の態度・行動と子どもの知的発達に関する日米比較研究」〈概要〉，『日米幼児教育研究資料』別冊

東洋・柏木恵子・ヘス，R. D.（1981）．母親の態度・行動と子どもの知的発達－日米比較研究－　東京大学出版会

坂内亜紀（1996）．夫婦関係の満足度とソーシャル・ネットワーク－20代後半から30代の夫婦の場合－　聖心女子大学文学部卒業論文

Belsky, J. (1984). The determinants of parenting: A process model. *Child Development*, **55**, 83-96.

Belsky, J., & Rovine, M. J. (1988). Nonmaternal care in the first year of life and the security of infant-parent attachment. *Child Development*, **59**, 157-167.

Belsky, J., Rovine, M., & Taylor, D. G. (1984). The Pennsylvania infant and family development project, III: The origins of individual differences in infant-mother attachment: maternal and infant contributions. *Child Development*, **55**, 718-728.

Belsky, J., Youngblade, L., Rovine, M., Rovine, M., & Vollong, B. (1991). Patterns of marital change and parent-child interaction. *Journal of Marriage and the Family*, **53**, 487-498.

Birleson, P. (1981). The validity of depressive disorder in childhood and the development of a self-rating scale: A research report. *Journal of Child Psychology and Psychiatry*, **22**, 73-88.

Birleson, P., Hudson, I., Buchanan, D. G., & Wolff, S. (1987). Clinical evaluation of a self-rating scale for depressive disorder in children (depression self-rating scale). *Journal of Child Psychology and Psychiatry*, **28**, 43-60.

Block, J., & Block, J. H. (1980). The role of ego-control and ego-resiliency in the organization of behavior. In Collins, W. A. (Ed.), *Minnesota symposia on child psychology*. vol. 13. *Development of cognition, affect, and social relations*. Hillsdale, NJ. Erlbaum. pp. 39-101.

Bohrnstedt, G. W., & Knoke, D. (1988) *Statistics for social data analysis*. 2nd ed. Peacock Pub.（海野道郎・中村隆監訳（1992）．『社会統計学－社会調査のためのデータ分析入門（学生版）』　ハーベスト社）

Bowlby, J. (1951). *Maternal care and mental health. WHO Monograph Series* No. 2. Geneva: World health organization.（黒田実郎訳（1962）．乳幼児の精神衛生　岩波書店）

Bowlby, J. (1969/1982). *Attachment and loss. Vol. 1. Attachment (2nd ed.).* Basic Books.

Bowlby, J. (1973). *Attachment and loss. Vol. 2. Separation: Anxiety and anger.* Basic Books.

Bowlby, J. (1980). *Attachment and loss. Vol. 3. Loss: Sadness and depression.* Basic Books.

Bowlby, J. (1988). *A secure base: Parent-child attachment and healthy human development.* Basic Books.

Bressmann, T., Sader, R., Ravens-Sieberer, U., Zeilhofer, H. F., & Horch, H. H. (1999). Quality of Life research in patients with cleft lip and palate: preliminary results. *Mund Kiefer Gesichtschir,* **3**, 134-139.

Bretherton, I., & Munholland, K. A. (1999). Internal working models in attachment relationships: A construct revisited. In Cassidy, J., & Shaver, P. R., (Eds.), *Handbook of attachment: Theory, research, and clinical applications.* New York: Guilford Press, pp. 89-111.

Brody, G. H., Pillegrini, A. D., & Sigel, L. E., (1986). Marital quality and mother-child and father-child interactions with school aged children. *Developmental Psychology,* **22**, 291-296.

Bronfenbrenner, U. (1979a). Context on child rearing: Problems and prospects. *American Psychology,* **34**, 10-27.

Bronfenbrenner, U. (1979b). *The ecology of human development: Experiments by nature and design.* Cambridge, MA: Harvard University Press.

Bronfenbrenner, U. (1988). Interacting systems in human development: Research paradigms: Parent and future. In Bolger, N., Caspi, A., Downey, G., & Moorehouse, M. (Eds.), *Persons in context: Developmental processes.* New York: Cambridge University Press, pp. 25-49.

Bronfenbrenner, U. (Ed) (2005). *Making human beings human: Bioecological perspectives on human development.* California: Sage Publications, Inc.

Bullinger, M. (1990). Lebensqualität—ein neues Bewertungkriterium für den Therapieerfolg. In Pöppel E., & Bullinger, M. (Hrsg.), *Kurzlehrbuch der medizinischen Psychologie.* Weinheim: VCH Verlagsanstalt, Edition Medizin. pp. 257-269.

Bullinger, M. (1991). Quality of Life—definition, conceptualization and implications:

a methodologist's view, *Theoretical Surgery*, **6**, 143-149.

Bullinger, M. (1994). KINDL—ein Fragebogen zur Erfassung der gesundheitsbezogenen Lebensqualität von Kindern (a questionnaire for health-related quality of life assessment in children). *Zeitschrift für Gesundheits Psychologie*, **1**, 64-77.

Bullinger, M., & Kirchberger, I. (1998). SF-36 Fragebogen zum Gesundheitszustand. Hogefre, Göttingen.

Bullinger, M., & Pöppel, E. (1988). Lebensqualität in der medizin: Schlagwort oder forschungsansatz. *Deutsches Ärzteblatt*, **85**, 679-680.

Bullinger, M., & Ravens-Sieberer, U. (1995). Health related Quality of Life assessment in children: A review of the literature. *European Review of Applied Psychology*, **45**, 245-254.

Carlson, E. A. (1998). A prospective longitudinal study of attachment disorganization/disorientation. *Child Development*, **69**, 1107-1128.

Carlson, E. A., Sroufe, L. A., & Egeland, B. (2004). The construction of experience: A longitudinal study of representation and behavior. *Child Development*, **75**, 66-83.

Cassidy, J., & Shaver, P. R. (1999). *Handbook of attachment: Theory, research and clinical applications*. New York: Guilford Press.

陳省仁 (2012). 気質　高橋惠子・湯川良三・安藤寿康・秋山弘子 (編) 発達科学入門 [2] 胎児期～児童期　東京大学出版会　pp.89-100.

Clark-Kauffman, E., Duncan, G., & Morris, P. (2003). How Welfare Policies Affect Child and Adolescent Achievement. *The American Economic Review*, **93**, 299-303.

Cole, M., & Cole, S. R. (2005). *The development of children*. 5th Ed. New York: Worth Publishers.

Costa, P., & McRae, R. (1985). The NEO personality inventory manual. Odessa, FL: Psychological Assessment Resource.

Cummings, E. M., Davies, T. P., Simpson, S. K. (1994). Marital conflict, gender, and children's appraisals and coping efficacy as mediators of child adjustment, *Journal of Family Psychology*, **8**, 141-149.

Davies, P. T., & Cummings, E. M. (1994). Marital conflict and child adjustment: an emotional security hypothesis. *Psychological Bullentin*, **116**, 387-411.

Deb, K. P. (1996). Quality of life assessment in children: a review of conceptual and methodological issues in multidimensional health status measures. *Epidemiol Community Health*, **50**, 391-396.

Dunn, L. M., & Markwardt, F. C. J. (1970). The Peabody Individual Achievement Test (PIAT). Circle Pines, MN: American Guidance Service.

Edwards, C. P., & Lewis, M. (1979). Young children's concepts of social relations: Social functions and social objects. In M. Lewis, & L. Rosenblum (Eds.), *The child and its family: The genesis of behavior.* Vol. 2. New York: Plenum. pp. 245-266.

Eisenberg, N. (Ed.)(2006). *Handbook of child psychology.* Vol. 3. *Social, emotional, and personality development.* John Wiley & Sons, Inc. pp. 625-629.

Eiser, C., Havermans, T., Craft, A., & Kernahan, J. (1995). Development of a measure to assess the Perceived Illness experience after treatment for cancer. *Archives of Disease in Childhood*, **72**, 302-307.

Eiser, C., & Morse, R. (2001). Quality-of life measures in chronic diseases of childhood. *Health Technology Assessment*, **5(5)**, 1-125.

Eiser, M., Ware, J.E., Donald, C. A., & Brook, R. H. (1979). Measuring components of children's health status. Medical Care, **17**, 902-921.

EuroQol Group (1996). EQ-5D User Guide: A measure of health-related Quality of Life Developed by the EuroQol Group.

Fayers, M. P., & Machin, D. (2000). *Quality of Life Assessment, analysis and interpretation England.* John Wiley & Sons Ltd. (福原俊一・数間恵子 (監訳)(2005). QOL 評価学－測定，解析，解釈のすべて　中山書店)

Feiring, C., & Lewis, M. (1991). The transition from middle childhood to early adolescence: Sex differences in the social network and perceived self- competence, *Sex Role*, **24**, 489-509.

Fincham, F. D. (1998). Child development and marital relations. *Child Development*, **69**, 543-574.

Fincham, F. D., Grych, H. J., & Osborne, N. L. (1994). Dose marital conflict cause child maladjustment? Directions and challenges for longitudinal research, *Journal of Family Psychology*, **8**, 128-140.

French, D. J. (2001). Asthma. In Koot, M. H., & Wallander, L. J. (Ed), *Quality of Life in child and adolescent illness: concepts, methods, and findings.* Brunner-

Routledge, pp. 241-265.

French, D. J., Christie, J. M., & Sowden, J. A. (1994). The reproducibility of the Childhood Asthma Questionnaire: measures of quality of life for children with asthma aged 4-16 years. *Quality Life Research*, 3, 215-224.

藤崎眞知代 (1990). 学校と生活　無藤隆・高橋惠子・田島信元 (編)　発達心理学入門 I 一乳児・幼児・児童　東京大学出版会　pp. 182-196.

福原俊一 (1999). MOS Short Form 36 items Health Survey一新しい健康アウトカム指標　厚生の指標, 46, 40-45.

George, C., & Solomon, J. (1996). Defining the caregiving system: Toward a theory of caregiving. *Infant Mental Health Journal*, 17, 183-197.

George, C., & Solomon, J. (1996). Representational models of relationships: Links between caregiving and attachment. In C. George, & J. Solomon (Eds.), *Defining the caregiving system: Infant Mental Health Journal*. Vol. 17. New York: John Wiley.

George, C., & Solomon, J. (1999). Attachment and caregiving: The caregiving behavioral system. In Cassidy, J., & Shaver, P. R. (Eds.), *Handbook of Attachment Theory and Research*. New York: Guilford Press. pp. 649-677.

George, C., & Solomon, J. (1999). The Development of caregiving: A comparison of attachment theory and psychoanalytic approaches to mothering. *Psychoanalytic Inquiry*, 19, 618-646.

George, C., & Solomon, J. (2000). *Six-year attachment doll play classification system*. Unpublished classification manual Mills College, Oakland, CA.

Goldberg, W. A., & Easterbrooks, M. A. (1984). Role of marital quality in toddler development. *Developmental Psychology*, 20, 504-514.

Goldsmith, H. H., & Campos, J. J. (1982). Toward a theory of infant temperament. In R. N. Emde, & Haron. (Eds.), *The development of attachment and affectative system*, New York: New York Plenum.

Greer, D. S. (1987). Quality of life measurement in the clinical realm. *Journal of Chronic Disease*, 40, 629-636.

Grossmann, K. E., Grossmann, K., & Waters, E. (2005). *Attachment from infancy to adulthood*: The major longitudinal studies. Guilford.

Grossman, K. E., Grossman, K., & Zimmerman, P. (1999). A wider view of attachment and exploration: Stability and change during the years of immaturity. In

J. Cassidy, & P. R. Shaver (Eds.), *Handbook of attachment.* New York: Guilford Press. pp. 760-786.

Harrison, P. L., & Oakland, T. (2000). *ABAS: Adaptive behavior assessment system.* San Antonio, TX: Psychological Corp.

Harter, S. (1997). The development of self-representation. In Eisenberg, N. (Ed.), *Handbook of child psychology.* 5th ed. Vol. 3. *Social emotional and personality development,* New York: John Wiley & Sons, Inc. pp. 553-617.

Hatano, G., Miyake, K., Tajima, N. (1980). Mother behavior in an unstructured situation and child's acquisition of number conservation, *Child Development, 51,* 379-385.

波多野誼余夫 (1973). 未成熟の効用 波多野誼余夫・稲垣佳世子 (著) 知的好奇心 中央公論社 pp. 71-90.

Hess, R. D., & Shipman, V. C. (1965). Early experiences and socialization of cognitive models in children. *Child Development, 36,* 860-886.

Hess, R. D., & Shipman, V. C. (1967). Cognitive elements in maternal behavior. In J. P. Hill (Ed.), *Minnesota Symposia on Child Psychology.* Vol. 1. University of Minnesota Press. pp. 57-81.

Herschbach, P., & Henrich, G. (2000). *Frangen zur Lebenszufriedenheit (FLZ^M).* In. U. Ravens-Sieberer, & A. Cieza (Hrsg.), Lebensqualitat und Gesundheitsokonomie in der Medizin-Konzepte, Methoden, Anwendung. Munchen Ecomed-Verlag. pp. 98-110.

Hiester, M. (1993). *Generational boundary dissolution between mothers and children in early childhood and early adolescence: A longitudinal study.* Unpublished doctoral dissertation, University of Minnesota, Minneapolis.

平山順子・柏木恵子 (2003). 中年期夫婦のコミュニケーション 柏木恵子・高橋惠子 (編) 心理学とジェンダー 有斐閣 pp. 58-63.

Howrs, P., & Markmann, H. J. (1989). Marital quality and child functioning: A longitudinal investigation. *Child Development, 60,* 401-409.

Huston, A. C., & Bentley, A. C. (2010). Human development in social context. *Annual Review of Psychology, 61,* 411-437.

池上直己・福原俊一・下妻晃二郎・池田俊也編 (2001). 臨床のための QOL ハンドブック 医学書院 pp. 2-7.

稲垣佳世子 (1984). 知ることへの内発的動機づけ 高橋惠子・湯川良三 (編) 児童

心理学の進歩－1984年版－　金子書房　pp. 249-276.

稲垣佳世子・波多野誼余夫（1989）．人はいかに学ぶか－日常的認知の世界－　岩波書店

猪俣裕紀洋・井山なおみ（2001）．肝移植術後の患者のトータルケア　特集 小児の栄養・消化器疾患－これからのトータルケア　小児内科，33, 1303-1308.

井上まり子・高橋恵子（2000）．小学生の対人関係の類型と心理的適応－絵画愛情関係テスト（PART）による検討－　教育心理学研究，48, 75-84.

井潤知美・上林靖子・中田洋二郎・北道子・藤井浩子・倉本英彦・根岸敬矩・手塚光喜・岡田愛香・名取宏美（2001）．Child Behavior Checklist/4-18 日本語版の開発　小児の精神と神経，41, 243-252.

石原陽子（2001）．QOL の測定・評価と今後の課題　漆崎一朗（監修）新 QOL 調査と評価の手引き　メディカルレビュー社　pp. 450-453.

伊藤研一（1994）．学齢期の心理的問題の理解　伊藤研一・橋口英俊・春日喬（編）人間の発達と臨床心理学3　学齢期の臨床心理学　駿河台出版社　pp. 41-80.

伊藤美奈子（2007）．学童期・思春期・不登校　下山晴彦・丹野義彦（編）講座 臨床心理学5　発達臨床心理学　東京大学出版会　pp. 113-131.

Juniper, E. F., Guyatt, G. H., Ferrie P. J., & Griffith, L. E. (1993). Measuring Quality of Life in asthma. *American Review of Respiratory Disease*, 147, 832-838.

Juniper, E. F., Guyatt, G. H., Feeny, D. H., Ferrie P. J., Griffith, L. E., & Townsend, M. (1996). Measuring quality of life in children with asthma. *Quality of Life research*, 5, 27-34.

Kagan, J. (1989). *Unstable ideas: Temperament, cognitions, and self*. Cambridge: Harvard University Press.

Kagan, J., & Snidman, N. (1990). Temperamental contributions to human development. Annals Report 1988-1989. *Research & clinical Center for Child Development, Faculty of Education, Hokkaido University*, 12, 50-70.

Kagan, J., Snidman, N., Kahn, V., Towsley, S. (2007). The preservation of two infant temperaments into adolescence. *Monographs of the society for research in child development*, 72, 1-9.

Kahn, R. L., & Antonucci, T. C. (1980). Convoys over the life course: Attachment, roles, and social support. In P. B. Baltes, & O. B. Brim (Eds.), *Lifespan development and behavior*, Vol. 3. New York: Academic Press. pp. 253-268.

Kaplan, R. M., Bush, J. W., & Berry, C. C. (1978). *The reliability, stability, and gen-*

eralization of a health status index. Proceedings of the American Statistical Association, Social Status Section. pp. 704-709.

金生由紀子・太田昌孝（2001）．特別発言－関連領域の連携の重要性－　日本小児科学会誌，**105-12**，1455-1359.

柏木恵子（2003）．家族心理学－社会変動・発達・ジェンダーの視点　東京大学出版会

柏木恵子（1978）．子どもの発達における父親の役割－問題点と心理学的研究－母子研究，**1**，93-110.

柏木恵子・若松素子（1994）．「親となる」ことによる人格発達－生涯発達的視点から親を研究する試み－　発達心理学研究，**5**，72-83.

柏木恵子・若松泰子（2003）．「子どもとの一体感」は母親のものか　柏木恵子・高橋恵子（編）心理学とジェンダー－学習と研究のために－　有斐閣　pp. 38-43.

柏木恵子（2008）．子どもが育つ条件－家族心理学から考える　岩波新書　pp. 188-224.

数井みゆき・無藤隆・園田菜摘（1996）．子どもの発達と母子関係・夫婦関係－幼児を持つ家族について－　発達心理学研究，**7**，31-40.

菊地創・富田拓郎（2016）．夫婦間葛藤が児童の抑うつ症状に与える影響－児童の家族関係認知を媒介したモデルの検討－　カウンセリング研究，**49**，53-63.

喜多歳子・池野多美子・岸玲子（2013）．子どもの発達に及ぼす社会経済環境の影響：内外の研究の動向と日本の課題　北海道公衆衛生学雑誌，**27**，33-43.

木崎善郎・藤原寛・石野雄一・村田美由紀・井上文夫・衣笠昭彦（2001）．特集小児の栄養・消化器疾患－これからのトータルケア－　小児内科，**33**，1309-1313.

Koot, H. M.（2001）. The Study of Quality of Life: Concepts and methods. In Koot, H. M. & Wallander, L. J.（Ed.）, *Quality of Life in Child and Adolescent Illness: Concepts, Methods, and Findings.* New York; Brunner-Routledge, pp. 3-20.

Kovacs, M.（1985）. The children's depression, inventory（CDS）. *Psychological Bulletin*, **21**, 995-998.

草薙恵美子（2015）．気質　日本児童研究所（監修）児童心理学の進歩54巻　金子書房　pp. 2-29

倉光修（1990）．子どもの適応と臨床　無藤隆・高橋恵子・田島信元（編）発達心理学入門 I －乳児・幼児・児童－　東京大学出版会　pp. 223-240.

倉本英彦・上林靖子・中田洋二郎・福井知美・向井隆代・根岸敬矩（1999）．Youth Self Report（YSR）日本語版の標準化の試み　児童青年精神医学とその近接領域，

210 文　献

40, 329-344.

Kurdek, A. L. (1996). Parenting satisfaction and marital satisfaction in mothers and fathers with young children. *Journal of Family Psychology*, 10, 331-342.

Ladd, W. G., Kochenderfer, J. B., & Coleman, C. C. (1997). Classroom peer acceptance, friendship and victimization: Distinct relational systems that contribute uniquely to children's school adjustment? *Child Development*, 68, 1181-1197.

Lamb, M. E. (1997a). The development of mother-infant and father-infant attachments in the second year of life. *Developmental Psychology*, 13, 639-649.

Lamb, M. E. (1997b). Father-infant attachments and mother-infant in the first year of life. *Child Development*, 48, 167-181.

Lamb, M. E., & Ahnert, L. (2006). Nonparental child care: Context, concepts, correlates, and consequences. In K. A. Renninger & I. E. Singel (Eds.), *Handbook of child psychology. Vol. 4. Child psychology. Vol. 4. Child psychology in practice (6th ed.)* (pp. 950-1016). New York: Wiley.

Landgraf, J. M., Abetz, L., & Ware, J. E. (1997). *Child Health Questionnaire (CHO): A User's Manual* (1st ed). Boston, MA: New England Medical Center, The Health Institute.

Landgraf, J. M., Abetz, L., & Ware, J. E. (1999). *Child Health Questionnaire (CHO): A User's Manual.* Boston, MA: New England Medical Center, The Health Act.

Landgraf, J. M., Ravens-Sieberer, U., & Bullinger, M. (1997). Quality of Life research in children: Methods and instruments. *Dialogues in Pediatric Urology*, 20, 5-7.

Lang, F. R., & Carstensen, L. L. (1994). Close emotional relationship in later life: Further support for proactive aging in the social domain. *Psychology and Aging*, 9, 315-324.

Levi, R., & Drotar, D. (1998). Critical issues and needs in health-related quality of life assessment of children and adolescents with chronic health conditions. In D. Drotar (Ed.), *Measuring health-related quality of life in children and adolescents: Implications for research and practice* (pp. 3-24). Mahwah, NJ: Erlbaum.

Levitt, M. J., Guacci-Franco, N., Levitt, J. L. (1993). Convoys of social support in childhood and early adolescence: Structure and function. *Developmental Psychology*, 29, 811-818.

Lewis, M. (1982). The social network model. In T. M. Field, A. Huston, H. C. Quary, L. Troll, & G. E. Finley (Eds.), *Review of human development*. New York: Wiley. pp. 180-214.

Lewis, M. (1984). *Beyond the dyad*. New York: Plenum Press.

Lewis, M., & Feiring, C. (1979). The child's Social Network: Social object, social functions and their relationship. In Lewis, M., & Rosenblum, A. L. (Eds.), *The child and its family: The genesis of behavior*, Vol. 2. New York: Plenum Press. pp. 9-27.

Lewis, M., & Takahashi, K. (Eds.) (2005). Beyond the dyad: Conceptualization of social networks. *Human development*, **48**, 5-7.

McSweeny, A. J., & Creer, T. L. (1995). Health-related quality of life assessment in medical care. *Disease-a-Month*, **41**, 1-71.

Main, M. (1999). Epilogue. Attachment theory: Eighteen points with suggestions for future studies. In J. Cassidy, & P. R. Shaver (Eds.), *Handbook of attachment: Theory, research, and clinical applications*, Guilford Press. pp. 845-887.

Main, M., Kaplan, N., & Cassidy, J. (1985). Security in infancy, childhood, and adulthood: A move to the level of representation. In I. Bretherton & E. Waters (Eds.), Growing points of attachment theory and research. *Monographs of the Society for Research in Child Development*, **50**, 66-104.

松嶋くみ子・大矢幸弘・赤澤晃・古荘純一・飯倉洋治 (2001). 小児アレルギー疾患と不登校 心理臨床学研究，**19**, 501-512.

三宅和夫 (1990). 子どもの個性－生後2年間を中心に－ 東京大学出版会

三宅和夫 (1991). 乳幼児の人格形成と母子関係 東京大学出版会

三宅和夫・陳省仁・氏家達夫 (2004).「個の理解」をめざす発達研究 有斐閣

Miyake, K., Chen, S., Ujiie, T., Tajima, N., Satoh, K., & Takahashi, K. (1983). Infant temperamental disposition, mothers' mood of interaction, quality of attachment, and infant's receptivity to socialization－Interim progress report, Annual Report 1981-1982. *Research and clinical Center for Child Development, Faculty of Education, Hokkaido University*, **5**, 25-49.

Miyake, K., Chen, S., & Campos, J. J. (1985). Infant temperament, mother's mood of interaction, and attachment in Japan: An interim report. In Bretherton & E, Waters (Eds.), *Growing points of attachment theory and research Monographs of the Society for Research in Child Development*. **50**, 276-297.

水野里恵 (2009). 気質 平木典子・湯川良三 (編) 児童心理学の進歩 金子書房 pp. 2-26.

文部科学省 (2007). 学校調査 (2005年度版) 文部科学省 〈http://www5.Cao.Go.jp/seikatsu/whitepaper/h17/01_honpen/image/sr010501.gif〉(2007年1月9日)

Morgan, S., Lye, D., & Cordran, G. (1988). Sons, daughters, and divorce: Does the sex of children affect the risk of divorce. *American Journal of Sociology*, **94**, 110-129.

武藤正樹 (1996). QOL の概念の評価と応用 萬代隆・日野原重明 (編) 医療新次元の創造 メディカルレビュー社 pp. 52-60.

無藤隆・久保ゆかり・遠藤利彦 (1995). 学校への移行と対人関係の広がり 無藤隆・久保ゆかり・沿道利彦 (著) 現代心理学入門2 発達心理学 岩波書店 pp. 75-91.

村田豊久・清水亜紀・森陽二郎・大島洋子 (1996) 学校における子どものうつ病─Birleson の小児期うつスケールからの検討─ 最新精神医学, **1**, 131-138.

中島義明・安藤清志・子安増生・坂野雄二・繁枡算男・立花政夫・箱田裕司 (編) (1999, 2011) 心理学辞典 有斐閣 pp. 607-608.

永久ひさ子・柏木恵子 (2000). 母親の個人化と子どもの価値 家族心理学研究, **14**, 139-150

永田忠夫・松田醒・鈴木真雄・植村勝彦 (1984). 養育態度に関するデモグラフィ・家族環境・社会ストレス要因の分析 愛知県立看護短期大学紀要, **16**, 45-56.

永野重史 (1974). PPVT 日本版による幼児の語彙発達研究 永野他 幼児・児童の発達と教育：教育開発研究に関する調査研究報告書, 昭和48年度報告書第2報, 51-65.

根々山光一 (1999). 適応 中島義明・安藤清志・子安増生・坂野雄二・繁桝算男・立花政夫・箱田裕司 (編) 心理学辞典 有斐閣 pp. 607.

根本芳子・松嵜くみ子・柴田玲子・古荘純一・曽根美恵・佐藤弘之・渡邉修一郎 (2005). 「小学生版 QOL 尺度」を用いた子どもと母親の認識の差異に関する検討 小児の精神と神経, **45**, 159-165.

NICHD Early Child Care Research Network. (1997). The effects of infant child care on infant-mother attachment security: Results of the NICHD Study of Early Child Care. *Child Development*, **68**, 860-879.

NICHD Early Child Care Research Network. (1998). Early child care and self-control, compliance, and problem behavior at twenty-four and thirty-six months. *Child Development*, **69**, 1145-1170.

NICHD Early Child Care Research Network. (2000). Characteristics and quality of child care for toddlers and preschoolers, *Applied Developmental Science*, **4**, 116-135.

NICHD Early Child Care Research Network. (2001). Nonmaternal care and family factors in early development: An overview of the NICHD Study of Early Child Care. *Applied Developmental Psychology*, **22**, 457-492.

NICHD Early Child Care Research Network. (2002). Early child care and children's development prior to school entry; results from the NICHD study of early child care. *American Educational Research Journal Spring*, **39**, 133-164.

NICHD Early Child Care Research Network. (2003). Dose quality of child care affect child outcomes at age 4 1/2? *Developmental Psychology*, **39**, 451-469.

NICHD Early Child Care Research Network. (2004). Affect dysregulation in the mother-child relationship in the toddler years: Antecedents and consequences. *Development and Psychopathology*, **16**, 43-68.

西村昂三 (1993). 小児のトータルケア　西村昂三 (編) 小児の診療と QOL　中外医学社　pp. 157-172.

西村周三・土屋有紀・久繁哲徳・池上直己・池田俊也 (1998). 日本語版 EuroQol の開発　医療と社会，**8**，109-117.

尾形和男 (2003). 父親の育児と子ども―育児は夫婦関係と父親を変化させる―　柏木惠子・高橋惠子 (編) 心理学とジェンダー―学習と研究のために―　有斐閣　pp. 44-51.

大貫敬一・佐々木正宏 (1998). 学校への適応　適応と援助の心理学／適応編　培風館　pp. 149-161.

大野祥子・柏木惠子 (1997). 父親　日本児童研究所 (編) 児童心理学の進歩　金子書房　123-148.

大野祥子・柏木惠子 (2011). 養育する親としての父親　日本児童研究所 (編) 児童心理学の進歩　金子書房　128-156.

Osborne, N. L., & Fincham, F. D. (1996). Marital conflict, parent-child relationships, and child adjustment: Does gender matter? *Merrill-palmer Quarterly*, **42**, 48-75.

Parker, J. G., Saxon, J., Asher, S. R., & Kovacs, D. (1999). Dimensions of children's friendship adjustment: Implications for studying loneliness. In Rosenberg, K. J.

& Hymel. (Eds.), *Loneliness in childhood and adolescences*. New York: Cambridge University Press.

Patrick T. D., & Cummings E. M., (1994). Marital conflict and child adjustment: An emotional security hypothesis. *Psychological Bullentin*, 116, 387-411.

Pettit, S. G., Bates, E. J., & Dodge, A. K. (1997). Supportive, ecological context, and child's adjustment: A seven-years longitudinal study. *Child Development*, 68, 908-923.

Poznanski, E. D., Cook, S. C., & Carrol, B. J. (1979). A depression rating scale for children. *Pediatrics*, 64, 442-450.

Quittner, A. L. (1998). Measurement of quality of life in cystic fibrosis. *Current Opinion in Pulmonary Medicine*, 4, 326-331.

Quittner, L. A., Davis, A. M., & Modi, C. A. (2003). Health-related quality of life in pediatric populations. In Roberts C.M. (Ed.), *Handbook of Pediatric Psychology*. New York: Guilford Press. pp. 696-709.

Radloff, L. (1977). The CES-D Scale: A self-report depression scale for research in the general population. *Applied Psychological Measurement*, 1, 385-401.

Ravens-Sieberer, U., & Bullinger, M. (1998). Assessing health-related quality of life in chronically ill children with the German KINDL: first psychometric and content analytical results. *Quality of Life Research*, 7, 399-407.

Ravens-Sieberer, U., & Bullinger, M. (2003). KINDL manual Welcome to our KINDL[R] Homepage, 〈http://www.kindl.org/daten/pdf/ManEnglish.pdf〉 (May 2, 2003)

Ravens-Sieberer, U., Görtler, E., & Bullinger, M. (2000). Subjective health and health behavior of children and adolescents - a survey of Hamburg students within the scope of school medical examination. *Gesundheitswesen*, 62, 148-155.

Ravens-Sieberer, U., Holling, H., Bettge, S., & Wietzker, A. (2002). Erfassung von psychischer Gesundheit und Lebensqualität im Kindes- und Jugendgesundheitssurvey. *Das Gesundheitswesen*, 64, 30-35.

Ravens-Sieberer, U., Redegeld, M., & Bullinger, M. (2001). Quality of life after inpatient rehabilitation in children with obesity. *International Journal of Obesity and Related Metabolic Disorders*, 25, 63-65.

Ravens-Sieberer, U., Redegeld, M., & Bullinger, M. (2002). Quality of life from a patient group perspective. In Koot, M. H., & Wallander, L. J. (Eds.), *Quality of Life in child and adolescent illness: Concepts, methods, and findings*. Brunner-Routledge. pp. 151-179.

Ravens-Sieberer, U., Thomas, C., Kluth, W., Teschke, L., Bullinger, M., & Lilientahl, S. (2001). A disease-specific Quality of Life module for children with cancer - news from the KINDL-questionnaire. *Psycho Oncology*, **10**, 10-18.

Reynold, C. R., & Richmond, B. O. (1978). What I think and feel: A revised measure of children's manifest anxiety. *Journal of Abnormal Psychology*, **6**, 271-280.

Roach, A. J., Frazier, L. P., & Bowden, S. R. (1981). The marital Satisfaction Scale: Development of a Measure for Intervention Research. *Journal of Marriage and the Family*, **34**, 537-545.

Roberts M. C. (2003). *Handbook of Pediatrics Psychology 3rd* (柴田玲子（訳）小児領域における健康関連 QOL（HRQOL）小児医療心理学　奥山眞紀子・丸光恵（監訳）　エルゼビア・ジャパン　pp. 599-611)

Rosenberg, M. (1965). *Society and the adolescent self-image*. Princeton: Princeton University press.

Rothbart, M.K., Ahadi, S.A., Hersey, K. L., & Fisher, P. (2001). Investigations of temperament at three to seven years: The Children's Behavior Questionnaire. *Child Development*, **72**, 1394-1408.

Rothbart, M.K., & Bates, J.E. (2006). Temperament. In W. Damon & R. M. Lerner (Series Eds.) N Eisenberg (Ed.), *Handbook of child Psychology*: Vol. 3. *Social, emotional, and personality development*, 6th ed. Hoboken: John Wiley & Sons. 99-166.

佐治守夫（1993）．適応　加藤正明・笠原嘉・小此木啓吾・保崎秀夫・宮本忠雄（編）新版　精神医学事典　弘文堂　pp. 561.

Sameroff, A. J. (1978). Organization and stability of newborn behavior: A commentary on the Brazelton Neonatal Behavior Assessment Scale. *Monographs of society for Research in Child Development*, **43**, 5-6.

Sameroff, A. J. (1994). Developmental systems and family functioning. In Parke, R. D., & Kellam, S. G. (Eds.), *Exploring family relationships with other social contexts*. Hillsdale, N.J: Erlbaum. pp. 199-214.

Sameroff, A. J. (2000). Dialectical processes in developmental psychopathology. In Sameroff, A. J., Lewis, M., Miller, S. M. (Eds.), *Handbook of Developmental*

Psychopathology. 2nd ed. Plenum Pub Corp. pp. 23-40.

Sameroff, A. J., & Chandler, M. J. (1975). Reproductive risk and the continuum of caretaking easualty. In Horowitz, F. D. (Ed.), *Review of child development research*. Vol. 4. Chicago: University of Chicago Press. pp. 187-244.

Sameroff, A. J., & Mackenzie, M. J. (2003). Research strategies for capturing transactional models of development: the limits of the possible. *Development and Psychology*, **15**, 613-640.

Schipper, H., Clinch, J.J., & Olweny, C. L. M. (1996). Quality of life studies: Definitions and conceptual issues. In B. Spilker (Ed.), *Quality of life and pharmacoeconomics in clinical trials*. 2nd ed. Philadelphia, PA: Lippincott-Raven Pulishers. pp. 11-23.

関根邦夫・西牟田敏之 (2002). 小児気管支喘息児の QOL 小児科学会誌, **43**, 425-433.

Silverstein, S. (1964). *The giving tree*. HarperCollins Children's Books. (シルヴァスタイン S. 本田錦一郎 (訳) (1976). 大きな木 篠崎書林)

Shibata, R., & Takahashi, K. (2002a). Developmental changes of social relationships among Japanese elementary school children ISSBD (Ottawa) poster # 423.

柴田玲子・高橋惠子・飯倉洋治 (2002b). 小学生における人間関係の発達的変容 日本教育心理学会第44回総会 (熊本) 抄録: 488

柴田玲子・根本芳子・松嵜くみ子・田中大介・川口毅・神田晃・古荘純一・奥山真紀子・飯倉洋治 (2003a). 日本における Kid-KINDL^R Questionnaire (小学生版 QOL 尺度) の検討 日本小児科学会誌, **107**, 1514-1520.

柴田玲子・根本芳子・松嵜くみ子・飯倉洋二 (2003b). 学校における小児科医の役割: 学校における QOL 調査から見た児童の側面 日本小児保健学会誌, **62**, 198-203.

柴田玲子 (2004). 身体症状を訴え「健康相談室」登校となったA君 (小4男児) が教室に戻るまで臨床発達心理学研究, **3**, 51-62.

柴田玲子 (分担研究者)(2005). 子どもの QOL 尺度質問紙 渡辺修一郎 (主任研究員) 平成15年度16年度厚生労働省科学研究費補助金 (子ども家庭総合研究事業) 報告書, 26-45.

柴田玲子 (2008). 子どもの QOL 研究の現状 教育と医学11月号 慶應義塾大学出版会 pp. 72-79.

柴田玲子 (2012). 小学生版・中学生版 QOL 尺度 子どもの健康科学, **13**, 39-46.

柴田玲子（2013a）．スクールカウンセリングにおける子どもたちの抱える問題の把握と解決システムの構築―小学生版および中学生版QOL尺度を用いて―　臨床心理士報，**124**, 33-36.

柴田玲子（2013b）．小学生版QOL尺度によるQOLの低い子どもたちの特徴―ソーシャル・ネットワークからみた子どもの人間関係について―　小児保健研究，**72**, 274-281.

柴田玲子（2013c）．子どものQOLに関する母子の報告に母親自身のQOLが及ぼす影響　人間環境学研究，**11**, 67-73.

柴田玲子・松嵜くみ子（2014）．子どもの健康関連QOLの測定―KINDL^R QOL尺度の実用化に向けて　聖心女子大学論叢，**122**, 27-52.

柴田玲子（2014）．第1章基礎編（小学生版QOL尺度，QOL尺度の実用化）　古荘純一・柴田玲子・根本芳子・松嵜くみ子（編）子どものQOL尺度―その理解と活用　診断と治療社　pp. 1-20, 29-37.

繁桝算男・四本裕子（監訳）G. R. ファンデンボス（監修）(2013)．APA心理学大辞典　培風館（APA Dictionary of Psychology American Psychological Association U.S.A）

庄司順一（1999）．子どもの気質と発達について―気質概念とその小児科臨床への適応―　小児科，**40**, 995-1000.

総務省統計局（2005）．労働力調査　総務省統計局〈http://www.stat.go.jp/data/roudou/index.htm〉（2007年1月9日）

Sroufe, L. A., Egeland, B., Carlson, E. A., & Collins, A. W. (2005). *The development of the person.* New York: Guilford Press. pp. 148-173.

菅原ますみ（1997）．養育者の精神的健康と子どものパーソナリティの発達：母親の抑うつに関して　性格心理学研究，**5**, 38-55.

菅原ますみ（1998）．父親の育児行動と夫婦関係，そして子どもの精神的健康との関連―生後11年間追跡調査から―　教育と情報，**438**, 7-12.

菅原ますみ・小泉智恵・菅原健介（1998）．児童期の子どもの精神的健康に及ぼす家族関係の影響について―夫婦生活・父子関係・母子関係，そして家族全体の関係性―　安田生命社会事業団研究助成論文集，**34**, 29-135.

菅原ますみ・八木下暁子・詫摩紀子・小泉智恵・瀬地山葉矢・菅原健介・北村俊則（2002）．夫婦関係と児童期の子どもの抑うつ傾向との関連―家族機能および両親の養育態度を媒介として―　教育心理学研究，**50**, 129-140.

菅原ますみ（2012）．子ども期のQOLと貧困・格差問題に関する発達研究の動向

菅原ますみ（編）子ども期の養育環境と QOL　金子書房，pp. 1-24.

鈴木眞雄・松田惺・永田忠夫・植村勝彦（1985）．子供のパーソナリティ発達に影響を及ぼす養育態度・家族環境・社会的ストレスに関する測定尺度構成　愛知教育大学研究報告，**34**, 139-152.

高橋惠子（1973）．女子青年における依存の発達　児童心理学の進歩，**12**, 255-275.

Takahashi, K. (1974). Development of dependency among female adolescents and young adults. *Japanese Psychological Research*, **16**, 179-185.

高橋惠子（1978-2000）．絵画愛情関係テストの手引き（未公刊）．

Takahashi, K. (1982). Attachment behaviors to a female stranger among Japanese two-year-olds. *The Journal of Genetic Psychology*, **140**, 299-307.

Takahashi, K. (1984-1985). Life-span development of affective relationships. Appeared in the *Annual Report of Research and Clinical Center for Child Development*. Hokkaido University.

Takahashi, K. (1986). The role of the personal framework of social relationships in socialization studies. In Stevenson, H., Azuma, H., & Hakuta, K., (Eds.), *Child development and education in Japan*. New York: Freeman, pp. 123-134.

Takahashi, K. (1990). Affective relationships and lifelong development. In Baltes, P. B., Featherman, D. L. & Lerner, R. M. (Eds.), *Life-span development and behavior*. Hillsdale. NJ: Erlbaum, pp. 1-27.

Takahashi, K. (2001). *Types of social relationships and psychological adjustment in middle childhood: Mother-type vs. friend-type vs. lone wolf type*. Symposium presentation at the meeting of the Society for Research in Child Development, Minneapolis.

高橋惠子（2002）．生涯にわたる人間関係の測定－ARS と PART について－　聖心女子大学論叢，**98**, 101-122.

Takahashi, K. (2004). Close relationships across the life span: Toward a theory of relationship types. In F. R. Lang & K. L. Fingerman (Eds.), *Growing together: Personal relationship across the lifespan*. New York: Cambridge University Press. pp. 130-158.

高橋惠子（2007）．人間関係の生涯発達理論－愛情の関係モデル－　マイケル・ルイス・高橋惠子（編）愛着からソーシャル・ネットワークへ－発達心理学の新展開－　新曜社　pp. 73-104.

高橋惠子・波多野誼余夫（1990）．生涯発達心理学　岩波書店

Takahashi, K., & Sakamoto, A. (2000). Assessing social relationships in adolescents and adults: Constructing and validating the affective Relationships Scale. *International Journal of Behavioral Development*, **24**, 451-463.

高橋惠子 (2010). 人間関係の心理学－愛情のネットワークの生涯発達　東京大学出版会

高橋惠子 (2012). 人間関係　高橋惠子・湯川良三・安藤寿康・秋山弘子 (編) 発達科学入門 [2] 胎児期～児童期　東京大学出版会　pp.165-180.

高橋惠子 (2013). 絆の構造－依存と自立の心理学　講談社　pp.68-87.

滝川一廣 (2017). 子どものための精神医学　医学書院

田崎美弥子・野地有子・中根充文 (1995). WHO の QOL　診断と治療, **83**, 2183-2198.

田崎美弥子・中根充文 (1998). 健康関連「生活の質」評価としての WHOQOL　行動計量学, **25-2**, 76-80.

The World Health Organization. (1995). The World Health Organization of life assessment (WHOQOL). *Social science and medicine*, **41**, 1403-1409.

Thomas, A., Chess, S., & Birch, H. G. (1963). *Behavioral individuality in early childhood*. New York, New York University Press.

Thomas, A., Chess, S., & Korn, S. J. (1989). Temperament and Personality. In Kohnstamm, A. G., Bate, E. J., Rothbart, K. M. (Eds.), *Temperament in childhood*. New York: Wiley & Sons Inc.

戸ヶ崎泰子・坂野雄二 (1998). 児童期・思春期の問題行動の評価－Child Behavior Checklist (CBCL) 日本版による診断と評価－　精神科診断学, **9**, 235-245.

富安芳和・村上英治・松田惺・江見佳俊 (2004). 適応行動尺度手引　日本文化科学社

十島雍蔵 (2006). 知的障害の診断　高橋惠子・湯川良三 (編) 児童心理学の進歩－2006年版－　金子書房　pp.192-196.

上野一彦・撫尾知信・飯長喜一郎 (1991). 絵画語らい発達検査　日本文化科学社

鵜飼啓子 (1994). 生活圏の広がりと社会性の発達　伊藤隆二・橋口英俊・春日喬 (編) 学齢期の臨床心理学　駿河台出版社　pp.19-24.

Varni, J. W., Sed, M., & Kurtin, P. S. (2001). PedsQL™4.0: Reliability and validity of Pediatric Quality of Life Inventory Version 4.0 generic core scales in healthy and patient population. *Medical Care*, **39**, 800-812.

Wallander, J. L. (2002). Theoretical and developmental issues in Quality of Life for

220　文　　献

children and adolescents. In Koot, M. H., & Wallander, L. J. (Eds.), *Quality of Life in child and adolescent illness: Concepts, methods, and findings*. Brunner-Routledge. pp. 23-48.

Ware, J. E., Sherbourne, C. D. (1992). The MOS 36-Item Short-Form Health Status Survey (SF-36): 1. Conceptual framework and item selection. *Medical Care*, **30**, 473-483.

Wagner, A. K., & Vickrey, B. G. (1995). The routine uses of health-related of life measures in the care of parents with epilepsy: Rationale and research agenda. *Quality of Life Research*, **4**, 169-177.

Waters, E., Wippman, J., & Sroufe, L. A. (1979). Attachment, positive effect, and competence in peer group: Two studies in contrast. *Child Development*, **40**, 821-829.

Wechsler, D. (1967). *Wechsler preschool and primary scale of intelligence*. New York: Psychological Corporation.

Wechsler, D. (1974). *Wechsler Intelligence Scale for Children—Revised (WISC-R)*. New York: Psychological Corporation.

Weinfield, N., Sroufe, L. A., & Egeland, B. (2000). Attachment from infancy to young adulthood in a high risk sample: Continuity, discontinuity, and their correlates. *Child Development*, **71**, 695-702.

Weissman, M, M., Gammon, G, D., John, K., Merikanagas, K, R., Warner, V., Prusoff, B. A., & Sholomskas, D. (1987). Children of depressed parents: increased psychopathology and early onset of major depression, *Archives of General Psychiatry*, **44**, 847-853.

あ　と　が　き

　本書の特徴は，子どもの QOL という概念に着目し，Bullinger & Ravens-Sieberer が開発した KINDL[R] QOL 尺度をわが国で使えるようにし，小学 2 年生の適応状態をこの QOL 尺度によってとらえたこと，さらに 6 年間の縦断資料を用いて，その小学 2 年時の適応の質を幼児期の子ども自身の要因や家庭環境要因等から検討したことです。

　本研究の中心となっている IMS 縦断プロジェクトは，愛情のネットワークモデルを提唱された高橋惠子先生が立ち上げられ，当時博士課程の院生であった筆者もデータ収集や分析作業に関わってきました。毎年，成長する子どもとその母親，時には父親にもお会いして，幼児期から児童期に渡る 6 年間の子どもの発達的変容を目の当たりにすることができました。ここで，縦断研究の面白さと大変さを学ぶことができたことは，その後の臨床活動にも役立ち，縦断研究に携われたことは非常に幸運であったと思います。振り返ると，大学卒業後ブランクがあったにもかかわらず研究活動が続けられたのは，大学院時代の指導教授であった高橋惠子先生（聖心女子大学名誉教授）の温かい叱咤激励の賜物です。心より感謝の意を伝えたいと思います。本当に有難うございました。そして，IMS 縦断研究でご協力いただいた一音会ミュージックスクールの故江口壽子会長はじめスタッフの先生方，長期間にわたって調査にご協力いただいた子どもたちとそのご両親に，記して感謝申し上げます。また，共同研究者である井上まり子先生（元相山女学園大学），山川賀世子先生（富山短期大学）に，心より感謝申し上げます。

　また，子どもの QOL 尺度に取り組んだのは，子どものトータルケアの重要性に着目し，その推進に尽力された小児科医の故飯倉洋治昭和大学教授が，症状の改善だけではない子どもの日々の生活が満足したものであるかを知る

222　あ　と　が　き

ための指標が必要であるとの言葉に促されたからでした。現在，医療も含めてさまざまな研究にこの QOL 尺度が使われていることを知るとその意義は大きかったと思います。飯倉先生が作られた健康相談室のある第二延山小学校は，長きに亘って調査のご協力をいただきました。当時の宮下和子校長先生はじめお手伝いくださいました先生方，児童と保護者の方々ならびに全国調査にご協力いただいた児童，関係者の方々に，感謝申し上げる次第です。そして，昭和大学医学部小児科学教室で QOL 研究に，臨床にと，ともに勤しんだ松嵜くみ子先生（現，跡見学園大学教授），根本芳子先生（昭和大学医学部小児科）に，心より御礼申上げます。よき指導者とよき仲間に恵まれたおかげで，ここまで研究活動と臨床活動を続けることができました。

　最後に，研究活動の基には，幼い頃に学問が楽しいものであることをその後ろ姿で示してくれた祖父前田幸太郎の存在が大きかったことを実感します。その存在を引き継いだ形で研究活動をずっと応援してくれている前田眞也・和子に心から感謝の意を表したいと思います。また，静かに見守りながらサポートしてくれた夫と子どもたちにもこの場を借りて感謝を伝えたいと思います。

　本書の出版に際しては，㈱風間書房の風間敬子氏に貴重なアドバイスをいただき，大変お世話になりました。心より御礼を申し上げます。また，本書は，平成30年度科学研究費補助金（研究成果公開促進費 JP18HP5191）の交付を受けました。記して感謝の意を表したいと思います。発達研究における時間の要する縦断研究の学術的価値は高く，このように発表され評価されることによって，今後の縦断研究に繋げられていくことを切に願います。

　　　平成30年 6 月30日

　　　　　　　多くの方々のご指導と励ましに感謝を込めて

　　　　　　　　　　　　　柴　田　玲　子

付　録

付録 1　IMS 縦断研究の調査時期の一覧表

付録 2　IMS 縦断研究の調査内容の概略

付録 3　小学生版 QOL 尺度

付録 4　親による子どもの QOL 尺度

付録 5　PART：絵画愛情の関係テスト幼児版

付録 6　ARS：愛情の関係尺度の例

224　付　録

付録 1　IMS 縦断研究の調査時期の一覧表

子どもへの面接調査	・PART ・SCT-PART ・感情の理解 ・PPVT	・PART ・SCT-PART ・愛着 ・社会的スキル	・PART ・SCT-PART	・PART ・SCT-PART
子どもの行動観察				・愛着 (Doll Play)
母子交渉の観察			・パズル課題 ・積み木課題	
母親への面接調査	・子どもの成育史 ・乳幼児期の愛着（一部）	・前回からの環境の変化 ・子どもの愛着 ・社会的スキルとそのしつけ	・前回からの環境の変化 ・子どもの PART についての認識	・前回からの環境の変化 ・母親の愛着(AAP)

　　　　　　[3 歳 (3.5)]　　　　[4 歳]　　　　[5 歳]　　　　[6 歳]

| 母親への郵送調査 | ・母親の養育態度
・夫の家事・育児参加に対する満足度
・子どもの気質（ECPI） | ・ライフ・イベント
・愛情行動の許容度
・育児感情（肯定感・制約感・分身感） | ・ライフ・イベント
・子産みの理由（精神的価値）
・夫婦関係満足度
・個人化傾向 | ・ライフ・イベント
・愛情行動の許容度
・育児感情（肯定感・制約感・分身感）
・愛情の関係(ARS)
・SCT-ARS |
| 父親への郵送調査 | ・家事・育児参加度 | ・愛情行動の許容度
・育児感情（肯定感・制約感・分身感） | ・子産みの理由（精神的価値）
・夫婦関係満足度
・個人化傾向 | ・愛情行動の許容度
・育児感情（肯定感・制約感・分身感）
・愛情の関係(ARS)
・SCT-ARS |

・PART
・SCT-PART
・Self（自己概念）
・学校生活＋QOL
・PVT

・PART
・SCT-PART
・小学生版 QOL
・学校が好き／成績

・パズル課題
・共同読書課題

・養育態度（AAI 的）
・母親の生活
・子どもの生活，最近気になっていること

・子どもの学校生活
・子どもの父親との関係
・子どもの母親との関係
・母親の子ども時代の母親との関係（care-giving, AAI 的）
・子どもの最近の様子
・学校での学習面の評価

[7歳春]（小学1年生春）	[7歳秋]（小学1年生秋）	[8歳春]（小学2年生春）	[8歳秋]（小学2年生秋）
・ライフ・イベント ・子どもの学校，学校生活 ・子どもの最近の様子 ・現在の家族状況 ・母子関係についての認識	・ライフ・イベント ・親からみた子どものPART ・子どもの最近の様子 ・子どもが小学生になって考えること（自由記述）	・ライフ・イベント ・子どもの学校生活 ・子どもの様子 ・子どものおけいこごと ・育児感情（肯定感・制約感・分身感） ・子どもの将来への期待 ・親の生活感情，信念，将来 ・両親の年齢・学歴・職歴・経済状態	・ライフ・イベント ・子どもの健康調査票（今までの健康状態） ・親からみた子どものQOL ・愛情行動の許容度 ・親のQOL（WHO-QOL26） ・愛情の関係（ARS） ・親の信念など
・父子関係についての認識	・親からみた子どものPART ・家事・育児参加度 ・子どもが小学生になって考えること（自由記述）	・育児感情（肯定感・制約感・分身感） ・子どもの将来への期待 ・親の生活感情，信念，将来	・愛情行動の許容度 ・親のQOL（WHO-QOL26） ・愛情の関係（ARS） ・親の信念など

注：下線のあるものは，本論文で使用したもの

226　　付　録

付録2　IMS縦断研究の調査内容の概略

調査の内容の概略　（・面接調査，⊠＝郵送調査）

年齢	子ども	母親	父親
3歳 (3.6)	・ 人間関係の枠組み（PART） ・ 語彙理解能力検査（PPVT） ・ 対人認知（SCT） ・ 感情の理解	・ 子どもの生育史 ・ 乳幼児期の愛着（一部） ⊠ 母親の養育態度 ⊠ 夫の家事・育児参加に対する満足度 ⊠ 子どもの気質，性質（ECPI）	⊠ 家事・育児参加度
4歳 (4.3)	・ 人間関係の枠組み（PART） ・ 対人認知（SCT） ・ 愛着 ・ 社会的スキル ・ 研究者の評定	・ 前回からの環境の変化 ・ 愛着（子どもと共通） ・ 社会的スキル（子どもと共通）とそのしつけ ・ 研究者の評定 ⊠ ライフ・イベント ⊠ 子ども観（愛情行動の受容） ⊠ 子どもと育児に対する感情	⊠ 子ども観 ⊠ 子どもと育児に対する感情
5歳	・ 人間関係の枠組み（PART） ・ 対人関係（SCT） ・ 研究者の評定 ・ 母子交渉の観察 ①積み木課題（家）	・ 前回からの環境の変化 ・ 子どものPART ・ 研究者の評定 ⊠ ライフ・イベント ⊠ 子産みの理由 ⊠ 夫婦関係満足度 ⊠ 家族の個人化 ②パズル課題（花）	⊠ 子産みの理由 ⊠ 夫婦関係満足度 ⊠ 家族の個人化

付　録　227

年齢	子ども	母親	父親
6歳	・ 人間関係の枠組み（PART） ・ 対人認知（SCT） ・ 愛着（Doll Play） ・ 研究者の評定	・ 前回からの環境の変化 ・ 研究者の評定 ・ 母親の愛着（AAP） ☒ ライフ・イベント ☒ 子ども観 ☒ 子どもと育児に対する感情 ☒ 愛情の関係（ARS） ☒ 文章完成法	☒ 子ども観 ☒ 子どもと育児に対する感情 ☒ 愛情の関係（ARS） ☒ 文章完成法
小学1年生 spring		☒ ライフ・イベント ☒ PART と Doll Play フィードバックの感想 ☒ 子どもの学校，学校生活 ☒ 子どもの最近の様子 ☒ 現在の家族状況 ☒ 養育態度	☒ 養育態度
小学1年生 autumn	・ 人間関係の枠組み（PART 小学生版） ・ 対人認知（SCT） ・ 自己概念 ・ 学校生活＋QOL ・ 語彙理解力検査（PVT） ・ 研究者の評定	・ 養育態度（AAI的） ・ 母親の生活 ・ 子どもの生活，最近気になっていること ☒ ライフ・イベント ☒ 子どもの最近の様子 ☒ 子どもが小学生になって考えること（自由記述） ☒ 子どものPART	☒ 子どものPART ☒ 家事・育児参加度 ☒ 小学生になって考えること（自由記述）

228　付　録

年齢	子ども	母親	父親
小学2年生 spring		☒ ライフ・イベント ☒ 子どもの学校生活（26項目） ☒ 子どもの様子（うつ尺度を参考にした17項目） ☒ 子どものおけいこごと ☒ 両親の年齢・学歴・職歴・経済状態 ☒ 子どもと育児に対する感情 ☒ 子どもの将来への期待 ☒ 親の生活感情，信念，将来（SCT）	☒ 子どもと育児に対する感情 ☒ 子どもの将来への期待 ☒ 親の生活感情，信念，将来（SCT）
小学2年生 autumn	・ 人間関係の枠組み（PART 小学生版） ・ 対人認知（SCT） ・ 小学生版 QOL 尺度（KINDL QOL） ・ 学校での勉強の好き嫌い，成績，好きな先生 ・ 調査者の評定 ・ 母子交渉の観察 　①パズル課題（幾何学模様）	・ 子どもの学校生活 ・ 子どもと父親との関係 ・ 子どもと母親との関係 ・ 母親と子ども時代の母親との関係（care-giving, AAI 的） ・ 子どもの最近の様子 ・ 学校での学習面の評価（spring mail 返信のない人のみ：両親の年齢・学歴・職歴・経済状態） ②本読み課題（大きな木） ☒ Life Event Questions ☒ 親におる子どもの QOL（KINDL QOL Parent 版） ☒ 子ども観（attachment acceptance） ☒ 親の QOL（WHOQOL26） ☒ ARS ☒ SCT（記述） ☒ 子どもの健康調査票（今までの健康状態）	☒ 子ども観（attachment acceptance） ☒ 親の QOL（WHOQOL26） ☒ ARS ☒ SCT（記述）

付録 3　小学生版 QOL 尺度

ID: ＿＿＿＿＿＿

こどもアンケート
小学生版 QOL 尺度
Kid-KINDL^R Japanese Version

記入した日：　西暦＿＿＿＿＿年＿＿＿月＿＿＿日
（きにゅう）　　（せいれき）　　　　（ねん）　（がつ）　（にち）

小＿＿＿年生　　おとこ / おんな　　なんさい ですか？　＿＿＿＿さい

1. きょうだいは　じぶんをいれないで　なんにんいますか？
   （ いない / ひとり / ふたり / 3にん / 4にん / 5にんいじょう ）

2. きょうだいのなかで　なんばんめですか？
   （ ひとりっこ / 1ばんうえ / 2ばんめ / 3ばんめ / 4ばんめ ）

3. いま，びょういんで　なおしている　びょうきがありますか？　（ ない / ある ）
   あるひとは（ ぜんそく / アトピーせいひふえん / じんぞうびょう / しんぞうびょう /
   そのほか＿＿＿＿＿＿＿＿＿＿＿＿＿＿＿＿）

これから，あなたの　けんこうや　せいかつのようすについて　おききします．
1こうもくずつ　よくよんで　この 1 しゅうかんぐらいのことを　おもいだして，あなたが
じぶんに　1ばん　あてはまる　と　おもうところに，はみださないように　○　をかいて
ください．
これには　ただしいこたえや　まちがったこたえは　ありません．
おともだちや　おうちのひとに　そうだんしないで　こたえてください．

ⓒ Kid-Kindl^R / children / Ravens-Sieberer & Bullinger / 2000 / page 1

たとえば, 🖊					
この1しゅうかん‥‥	ぜんぜん ない	ほとんど ない	ときどき	たいてい	いつも
わたしは アイスクリームを たべたいな と おもった.				◯	

1. あなたの けんこう について きかせてください ...

この1しゅうかん‥‥	ぜんぜん ない	ほとんど ない	ときどき	たいてい	いつも
1. わたしは びょうきだと おもった.					
2. わたしは あたまが いたかった, または おなかが いたかった.					
3. わたしは つかれて ぐったり した.					
4. わたしは げんき いっぱいだった.					

2. あなたは どんな きもちで すごしましたか ...

この1しゅうかん‥‥	ぜんぜん ない	ほとんど ない	ときどき	たいてい	いつも
1. わたしは たのしかったし, たくさん わらった.					
2. わたしは つまらないなあと おもった.					
3. わたしは ひとりぼっち のような きがした.					
4. わたしは なにもないのに こわい かんじが した.					

3. あなたは じぶんのことを どのように かんじていましたか ...

この1しゅうかん‥‥	ぜんぜん ない	ほとんど ない	ときどき	たいてい	いつも
1. わたしは じぶんに じしんが あった （じぶんは よくやった）.					
2. わたしは いろいろなことが できるような きが した.					
3. わたしは じぶんに まんぞくしていた （じぶんのことがすきだ）.					
4. わたしは いいことを たくさん おもいつ いた.					

ⓒ Kid-Kindl[R] / children / Ravens-Sieberer & Bullinger/ 2000 / page 2

4. あなたと あなたの かぞくについて きかせてください ...

この1しゅうかん……	ぜんぜんない	ほとんどない	ときどき	たいてい	いつも
1. わたしは おや(おとうさん または おかあさん)と なかよくしていた.					
2. わたしは いえで きもちよく すごした.					
3. わたしたちは いえで けんかを した.					
4. わたしは おや(おとうさん または おかあさん)に やりたいことを させて もらえなかった.					

5. あなたと ともだちとの ようすを きかせてください ...

この1しゅうかん……	ぜんぜんない	ほとんどない	ときどき	たいてい	いつも
1. わたしは ともだちと いっしょに あそんだ					
2. ほかの ともだちは わたしのことを すきだった (ともだちに きらわれていなかった).					
3. わたしは わたしのともだちと なかよくしていた.					
4. わたしは ほかのこどもたちにくらべて かわっているような きがした.					

6. がっこうでの ようすを きかせてください ...

この1しゅうかん……	ぜんぜんない	ほとんどない	ときどき	たいてい	いつも
1. わたしは がっこうの べんきょうは かんたんだった (よくわかった).					
2. わたしは がっこうの じゅぎょうが たのしかった.					
3. わたしは これからさきのことを しんぱいした.					
4. わたしは がっこう のテストで わるい てんすう をとらないか しんぱいだった.					

© Kid-Kindl[R] / children / Ravens-Sieberer & Bullinger/ 2000 / page 3

あなたは なにかびょうきを なおすために にゅういん していたり， ながいあいだ
びょういんに かよっていますか？　　（　はい　／　いいえ　）

「はい」 のひとは， 7. にすすんで ください．

「いいえ」 のひとは，ここでおわりです．
　ぬけているところがないか 〇がきちんとかいてあるか もういちど みなおしてください．
　どうしてもこたえたくないときは ばんごうのところに ×をかいてください．
　　　　　　　　　　　　　　　ごきょうりょく ありがとうございました！

⇒　「はい」 の人は， つぎの６つの しつもんに こたえてください．

7.　あなたは びょうきのことを どのようにかんじていましたか...

この1しゅうかん……	ぜんぜん ない	ほとんど ない	ときどき	たいてい	いつも
1. わたしは じぶんの びょうきが ひどく なってしまう のではないかと しんぱい した．					
2. わたしは びょうきのせいで かなしかっ た．					
3. わたしは びょうきが よくなるように がんばった．					
4. おや（おとうさん または おかあさん）は びょうきの せいで わたしを あかちゃ んのように あつかった．					
5. わたしは じぶんの びょうきのことを ほかのひとに しられたくなかった．					
6. わたしは びょうきのせいで がっこうの ぎょうじなどに でられなかった．					

ごきょうりょく ありがとうございました！

© Kid-Kindl[R] / children / Ravens-Sieberer & Bullinger / 2000 / page 4

付録4　親による子どものQOL尺度

ID: ＿＿＿＿＿＿

こどもアンケート
小・中学生版 QOL 尺度親用
Kid-&Kiddo-KINDL Parents' Questionnare KINDL^R Japanese Version

記入日：　西暦＿＿＿＿＿年＿＿＿月＿＿＿日

記入者：　父親 / 母親 / その他（　　　　　　）

お子様は（小学／中学）＿＿＿年生　＿＿＿歳　男 / 女

お子様は　＿＿＿人兄弟姉妹の第＿＿＿子

お子様は，現在，治療中の病気がありますか？　（ ない / ある ）
　ある場合（ぜんそく／アトピー性皮膚炎／腎臓疾患／心臓疾患／
　その他＿＿＿＿＿＿＿＿＿＿＿＿＿）

これは，お子様の健康全体に関わる生活満足度のアンケートです．
ここでは，お子様自身の満足度に対する保護者からみた様子を参考にしますので，
お子様に 直接質問したりせずに，ご自身お一人でお答えください．

お子様の状態にもっともよくあてはまると 思われるところに　○を 書き入れてください．
たとえば，

この1週間 ・・・・	ぜんぜんない	ほとんどない	ときどき	たいてい	いつも
私の子どもは 夜 ぐっすりねむっていたようだ．				○	

© Kid- & Kiddo-Kindl^R / parents / Ravens-Sieberer & Bullinger/ 2000 / page 1

234 付録

1. 身体の状態

この1週間 ·····	ぜんぜん ない	ほとんどな い	ときどき	たいてい	いつも
1. 私の子どもは 自分が 病気だと 思って いたようだ.					
2. 私の子どもは 頭痛がした，あるいは 腹痛があった.					
3. 私の子どもは 疲れて ぐったりして いた.					
4. 私の子どもは 元気 いっぱいと感じて いたようだ.					

2. 心の状態

この1週間 ·····	ぜんぜん ない	ほとんどな い	ときどき	たいてい	いつも
1. 私の子どもは 楽しそうで よく笑って いた.					
2. 私の子どもは つまらなさそうだった.					
3. 私の子どもは 一人ぼっちだと 感じてい たようだ.					
4. 私の子どもは なにもないのに こわがっ たり，不安そうにしていた.					

3. 自分自身

この1週間 ·····	ぜんぜん ない	ほとんどな い	ときどき	たいてい	いつも
1. 私の子どもは 自信が あったようだ.					
2. 私の子どもは いろいろなことが できる と 感じたようだ.					
3. 私の子どもは 自分に 満足していた ようだ.					
4. 私の子どもは いい考えを いろいろ 思いついたようだ.					

© Kid- & Kiddo-Kindl[R] / parents / Ravens-Sieberer & Bullinger/ 2000 / page 2

付　録　　235

4．家族との様子

この1週間 ‥‥‥	ぜんぜんない	ほとんどない	ときどき	たいてい	いつも
1　私の子どもは　親と　うまくいっていた.					
2　私の子どもは　家で　気持ちよく　過ごしていた.					
3　私たち親子は　家で　けんかを　した.					
4　私の子どもは　親が　取り仕切っていると感じていたようだ.					

5．友だちとの様子

この1週間 ‥‥‥	ぜんぜんない	ほとんどない	ときどき	たいてい	いつも
1　私の子どもは　友だちと　いろいろなことを　していた.					
2　私の子どもは　他の子どもたちに　好かれていたようだ.					
3　私の子どもは　友だちと　うまく　やっていたようだ.					
4　私の子どもは　他の子どもに比べて自分は変わっていると感じていたようだ.					

6．学校生活

この1週間 ‥‥‥	ぜんぜんない	ほとんどない	ときどき	たいてい	いつも
1　私の子どもは　学校での勉強を　簡単そうに　やっていた.					
2　私の子どもは　学校の授業を　楽しんでいたようだ.					
3　私の子どもは　将来のことを　心配していたようだ.					
4　私の子どもは　（学校で）悪い成績を　とらないか　こわがっていたようだ.					

© Kid- & Kiddo-Kindl^R / parents / Ravens-Sieberer & Bullinger/ 2000 / page 3

236　付　録

お子様が入院されている，または長期に通院されているかたは，
7．にお進みください.

それ以外のかたは，終わりです.

記入漏れや記入ミスがないようにしてください．ただし，どうしても答えたくないときは，
番号のところに×印をつけてください.

ご協力ありがとうございました！

7.　病気のことについて

この1週間……	ぜんぜんない	ほとんどない	ときどき	たいてい	いつも
1. 私の子どもは　自分の病気の悪化に不安を感じていたようだ.					
2 私の子どもは　病気のせいで悲しそうだった.					
3 私の子どもは　自分の病気が　よくなるように　がんばっていた.					
4 私は　子どもを　病気だからといって赤ちゃんあつかいしていた.					
5. 私の子どもは　自分の病気のことを誰にも知られたくないようだった.					
6 私の子どもは　病気のせいで　学校の行事などに　出られなかった.					

ご協力ありがとうございました！

© Kid- & Kiddo-Kindl[R] / parents / Ravens-Sieberer & Bullinger/ 2000 / page 4

付録 5　PART（Picture Affective Relationships Test）：絵画愛情の関係テスト幼児版
ⓒ高橋惠子（http://www.keiko-takahashi.com）

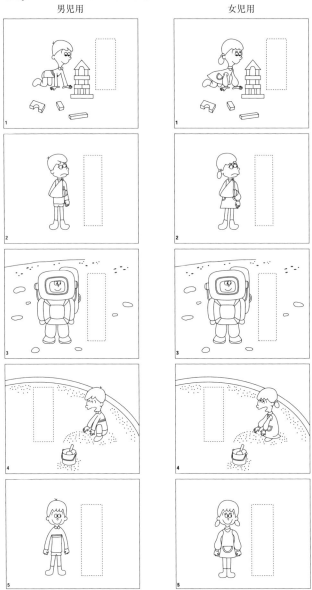

238 付 録

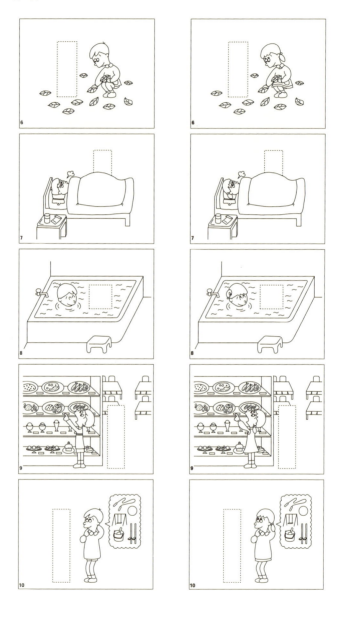

付録 239

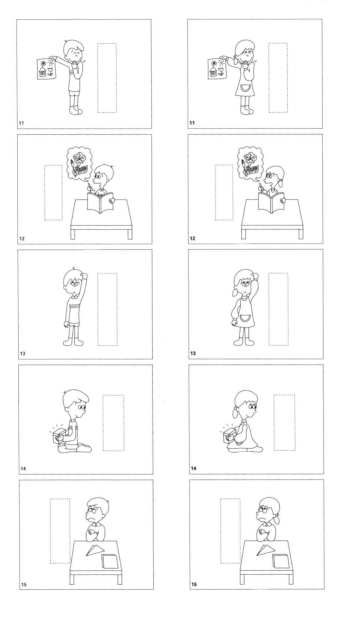

240 付 録

導入の教示（個別テスト用）

「あなたのまわりには，いろいろな人がいるでしょう．家族，親戚，友だち，先生，近所の人，知り合いなどたくさんの人がいるでしょう．その人たちのことを思い出しながら，これから見せる15（小学生，高齢者版では18）枚のカードについて答えてください．」

（一枚ずつカードを見せながら）「絵の中の人を自分だと思ってください．このカードの点線の部分に，もっともきて欲しい人はだれか答えてください」とそれぞれのカードの教示にしたがってきく．（注意：あげられた人が誰であるかがわかるようにする．たとえば，友だちなどを挙げた時には，誰であるか，名前や性別をきいて，解答用紙に記入する）

絵カードを見せながら，以下の教示をいう．

1・幼児版：PART- YC (for 1- to 6-year-old children)

1. Aちゃんが，家の中で遊ぶ時，だれと，もっとも一緒に遊びたいですか？
2. Aちゃんが，怪我をした時，だれに，もっともそばにいてほしいですか？
3. Aちゃんが，宇宙旅行に行くとしたら，だれと，もっとも一緒に行きたいですか？
4. Aちゃんが，外で遊ぶ時，だれと，もっとも一緒に遊びたいですか？
5. Aちゃんは，誰と一緒にいる時が，もっとも安心な気持ちがしますか？
6. Aちゃんが，幼稚園のお庭で遊ぶ時，だれと，もっとも一緒に遊びたいですか？
7. Aちゃんが，病気の時，だれに，もっともそばにいてほしいですか？
8. Aちゃんが，お風呂に入る時，だれと，もっとも入りたいですか？
9. Aちゃんが，レストランで何を食べようかと迷った時，だれにもっとも決めてほしいですか？
10. Aちゃんが，幼稚園で何をして遊ぼうかと迷った時，だれに，もっとも決めてほしいですか？
11. Aちゃんに，とても嬉しいことがあった時，だれに，一番知らせたいですか？
12. Aちゃんが，本を見ていたらよく知らない花がでてきました．だれにもっともそれでいいか確かめたいですか？
13. Aちゃんに，とても悲しいことがあった時，だれに，一番そばにいてほしいですか？
14. Aちゃんが，大切な宝物を持っているとしたら，だれにもっとも見せたいですか？
15. Aちゃんが，幼稚園で折り紙を折っていてうまくできない時，だれに，もっとも教えてほしいですか？

付録　241

付録6　ARS：愛情の関係尺度の例

ⓒ高橋惠子（http://www.keiko-takahashi.com）

あなたの配偶者について答えてください。

	そう思う	まあそう思う	どちらとも言えない	あまり思わない	思わない
1．夫（妻）が困っている時には助けてあげたい………………………	5	4	3	2	1
2．夫（妻）が離れると心に穴があいたような気がするだろう…………	5	4	3	2	1
3．夫（妻）が私の心の支えであってほしい………………………………	5	4	3	2	1
4．悲しい時は夫（妻）と共にいたい……………………………………	5	4	3	2	1
5．つらい時には夫（妻）に気持ちをわかってもらいたい……………	5	4	3	2	1
6．夫（妻）とは互いの悩みをうちあけあいたい………………………	5	4	3	2	1
7．夫（妻）が困った時には私に相談してほしい………………………	5	4	3	2	1
8．自信がわくように夫（妻）に「そうだ」といってほしい…………	5	4	3	2	1
9．できることならいつも夫（妻）と一緒にいたい……………………	5	4	3	2	1
10．なにかをする時には夫（妻）が励ましてくれるといい……………	5	4	3	2	1
11．夫（妻）とは互いの喜びを分かちあいたい…………………………	5	4	3	2	1
12．自信がもてるように夫（妻）にそばにいてほしい…………………	5	4	3	2	1

あなたのお子さん（調査にご協力いただいているお子さん）について答えてください。

	そう思う	まあそう思う	どちらとも言えない	あまり思わない	思わない
1．子どもが困っている時には助けてあげたい…………………………	5	4	3	2	1
2．子どもと離れると心に穴があいたような気がするだろう…………	5	4	3	2	1
3．子どもが私の心の支えであってほしい………………………………	5	4	3	2	1
4．悲しい時は夫（妻）と共にいたい……………………………………	5	4	3	2	1
5．つらい時には子どもに気持ちをわかってもらいたい……………	5	4	3	2	1
6．子どもとは互いの悩みをうちあけあいたい………………………	5	4	3	2	1
7．子どもが困った時には私に相談してほしい………………………	5	4	3	2	1
8．自信がわくように子どもに「そうだ」といってほしい…………	5	4	3	2	1
9．できることならいつも子どもと一緒にいたい……………………	5	4	3	2	1
10．なにかをする時には子どもが励ましてくれるといい……………	5	4	3	2	1
11．子どもとは互いの喜びを分かちあいたい…………………………	5	4	3	2	1
12．自信がもてるように子どもにそばにいてほしい…………………	5	4	3	2	1

著者略歴

柴田玲子（しばた　れいこ）

1951年　神奈川県横浜市に生まれる
1974年　東京女子大学文学部史学科（西洋史）卒業
2000年　聖心女子大学大学院文学研究科人間科学（心理学）博士前期課程修了
2001年〜2007年　昭和大学附属病院小児科　心理カウンセラー
2003年〜2007年　聖心女子大学心理教育相談所　専任相談員（臨床心理士）
2006年　聖心女子大学大学院文学研究科人間科学（心理学）博士後期課程満期退学
2007年　博士（心理学）聖心女子大学大学
2008年　聖心女子大学文学部教育学科（心理学）専任講師
2009年〜現在　昭和大学医学部　兼任講師
2014年〜現在　聖心女子大学文学部心理学科 准教授

主な著書
『子どもの QOL 尺度－その理解と活用－』（2014）（共著）診断と治療社

小学 2 年生の適応と規定要因に関する縦断研究

2019年 2 月20日　初版第 1 刷発行

著　者　柴　田　玲　子

発行者　風　間　敬　子

発行所　　株式会社風　間　書　房
〒101-0051　東京都千代田区神田神保町 1-34
電話 03（3291）5729　FAX 03（3291）5757
振替 00110-5-1853

印刷　太平印刷社　　製本　高地製本所

©2019　Reiko Shibata　　　　　　　　　　NDC 分類：140
ISBN978-4-7599-2268-4　　　Printed in Japan
JCOPY〈(社)出版者著作権管理機構　委託出版物〉
本書の無断複製は，著作権法上での例外を除き禁じられています。複製される場合はそのつど事前に(社)出版者著作権管理機構（電話 03-5244-5088，FAX 03-5244-5089，e-mail: info@jcopy.or.jp）の許諾を得てください。